BIBLIOTECA ESENCI[illegible] EJECUTIVO

GW00372969

CÓMO A[illegible] LA PERF[illegible]

ROBERT HELLER

grijalbo

UN LIBRO DE DORLING KINDERSLEY
www.dk.com

Edición: Amanda Lebentz
Diseñadora: Elly King
Director artístico: Arthur Brown

Diseño DTP: Jason Little
Control de producción: Silvia La Greca

Editora de la serie: Adèle Hayward
Editora artística de la serie: Tassy King

Directores de edición: Stephanie Jackson, Jonathan Metcalf
Director artístico: Nigel Duffield

Quedan rigurosamente prohibidas, sin la autorización escrita de los titulares del *copyright*, bajo las sanciones establecidas por las leyes, la reproducción total o parcial de esta obra por cualquier medio o procedimiento, comprendidos la reprografía y el tratamiento informático, así como la distribución de ejemplares de la misma mediante alquiler o préstamo públicos.

Título original: *Essential Managers: Achieving Excellence*

Traducción de: Xebi Solé

Copyright © 1999 Dorling Kindersley Limited, Londres
Copyright del texto © 1999 Dorling Kindersley Limited, Londres
Copyright de la edición en castellano
© 2000 Grijalbo Mondadori, S.A.
Aragó 385 – Barcelona
www.grijalbo.com

ISBN 84-253-3464-0

Impreso en Hong Kong

ÍNDICE

4 INTRODUCCIÓN

DESARROLLE SU POTENCIAL

6 DESARROLLE SUS CUALIDADES BÁSICAS
10 GANE CONFIANZA
12 CONTROLE LOS RIESGOS
14 DESARROLLE SU DINAMISMO
16 SEA UN LÍDER EFICIENTE
18 MANTÉNGASE EN FORMA
22 BUSQUE LA PERFECCIÓN

MEJORE SUS APTITUDES

26 COMPLETE SU FORMACIÓN
28 PIENSE PRODUCTIVAMENTE

30 MEJORE SU MEMORIA

32 MEJORE SU LECTURA

34 ESCRIBA Y HABLE CON MAYOR FLUIDEZ

SEA MÁS EFICIENTE

38 FOMENTE LA CREATIVIDAD

40 APROVECHE EL TIEMPO

42 SEA MÁS PRODUCTIVO

44 ESTABLEZCA PRIORIDADES

46 CÓMO MANEJAR EL DINERO

48 REDUZCA EL ESTRÉS

52 VALORE SUS PROGRESOS

ALCANCE EL ÉXITO

54 REEXAMINE SUS OBJETIVOS

56 ENCUENTRE UN MENTOR

58 ESTABLEZCA CONTACTOS

60 ASUMA EL MANDO

62 SEPA CONVENCER A LOS DEMÁS

64 PLANIFIQUE SU FUTURO

66 VALORE SU HABILIDAD

70 ÍNDICE

72 AGRADECIMIENTOS

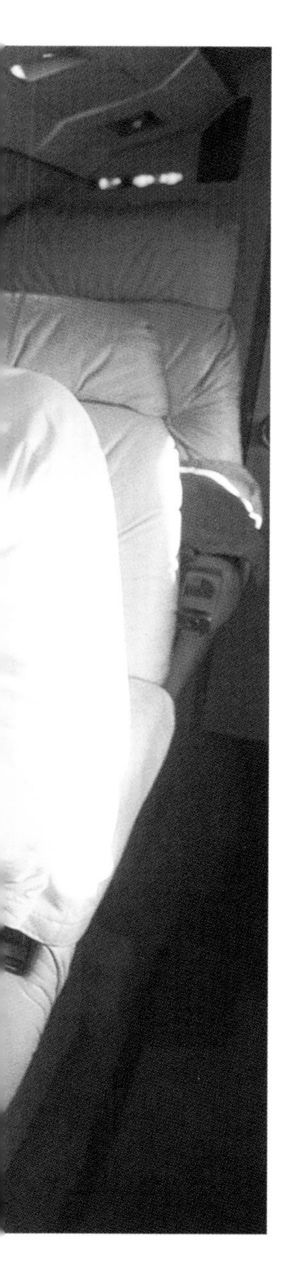

Introducción

Para sobresalir en un mundo tan competitivo como es en la actualidad el laboral, no basta tener un profundo conocimiento de su sector de actividad. Además, resulta vital poseer aptitudes como la capacidad de inspirar a los demás, fomentar su cooperación y delegarles de forma eficaz. Asimismo, es importante dominar aptitudes prácticas que abarcan desde las habilidades analíticas hasta la gestión del tiempo, así como adoptar una actitud confiada y decidida respecto a su carrera. Saber combinar todos estos elementos diferencia a un director competente de uno extraordinario. Cómo alcanzar la perfección *le proporciona una amplia base para dominar todas estas aptitudes. Su valiosa orientación la refuerzan 101 consejos indispensables y un revelador ejercicio de autovaloración que le indicará sus puntos fuertes y débiles.*

DESARROLLE SU POTENCIAL

Para alcanzar la perfección, debe procurar explotar todo su potencial. Aprenda a desarrollar sus puntos fuertes y sus cualidades personales para obtener un rendimiento óptimo.

DESARROLLE SUS CUALIDADES BÁSICAS

La gente posee muchas cualidades que pueden propiciar el éxito. Sin embargo, para ofrecer un rendimiento óptimo no basta el mero talento: se necesita, además, desarrollar los puntos fuertes de cada uno, incluyendo la determinación, la ambición y la confianza.

1 Identifique sus puntos débiles: es el primer paso para corregirlos.

2 Haga las cosas fáciles y no supere sus límites.

3 Acepte comentarios críticos y enmiende sus errores.

AUTOEVALÚESE

Usted sabe cuáles son sus puntos fuertes, que puede desarrollar con relativa rapidez. Sin embargo, este talento innato no es suficiente. Para explotar todo su potencial, debe desarrollar todas sus aptitudes clave. Por ejemplo, la falta de confianza suele ser una barrera para progresar en la gestión empresarial. Si usted tiene poca autoestima, o convicciones poco sólidas, deberá trabajar duro para mejorar su confianza en sí mismo. Empiece su desarrollo personal observando de modo objetivo sus capacidades y analizando en cuáles debe mejorar.

EVALUACIÓN DE LAS CUALIDADES BÁSICAS

CUALIDADES	CÓMO AUTOEVALUARSE
AMBICIÓN	¿Se ha fijado grandes objetivos a largo plazo y ha planeado cómo conseguirlos?
PREVISIÓN	¿Tiene una idea clara de hasta dónde quiere llegar y de a qué aspira en un plazo de cinco años?
CONFIANZA	¿Se siente ahora capaz de hacer cualquier cosa, de hacerla bien y de asumir nuevas responsabilidades y tareas?
CAPACIDAD DE ASUMIR RIESGOS	¿Cree en su capacidad para valorar si merece la pena asumir ciertos riesgos y aprovechar las oportunidades?
INICIATIVA Y DINAMISMO	¿Sabe concentrarse plenamente en un asunto de modo que pueda intuir la decisión correcta y llevarla a cabo?
ESPÍRITU COMPETITIVO	¿No se conforma hasta que ha ganado todos los premios y ha batido a sus rivales más cualificados?
AUTOCRÍTICA	¿Es usted un constante perfeccionista que siempre intenta mejorar e incita a los demás a hacerlo?
LIDERAZGO	¿Sabe cómo movilizar a los demás para lograr objetivos de grupo, formar nuevos líderes y trabajar con ellos?

PIDA OPINIÓN

Si no está seguro de su habilidad en una determinada área, como la capacidad de liderazgo, pida la opinión objetiva de alguien. Con los hechos en la mano, puede prever dónde quiere llegar en el futuro. Establezca un plan para conseguirlo.

ASESÓRESE ▶

Pregunte a un jefe, un compañero de trabajo o un amigo si ha sobrevalorado sus puntos fuertes o menospreciado los débiles.

Un compañero de confianza le da su opinión objetiva.

ESTABLEZCA UNA AMBICIÓN

Una vez se haya asesorado y averiguado cuáles son sus capacidades, debe fijarse unos objetivos que, aun siendo ambiciosos, estén a su alcance. Los grandes personajes de la historia tenían un gran talento para desarrollar ambiciones de futuro y para planificar su realización. Sabían adónde iban y qué querían lograr, y al mismo tiempo tenían la capacidad de mando necesaria para alcanzar su destino. Usted puede desarrollar esa capacidad. Pregúntese dónde quiere estar al término de cada una de las próximas décadas. Compare esa ambición con su situación actual. Esto le mostrará el camino que debe recorrer para cumplirla. El paso siguiente consiste en que dicho camino se vaya acortando a medida que usted aplique su plan.

ASUMA EL CONTROL
Lidere su propio equipo con mayores responsabilidades.

GANE EXPERIENCIA
Procure desarrollar y ampliar sus aptitudes de liderazgo.

PIDA MÁS RESPONSABILIDAD
Asegúrese de asumir las responsabilidades de otros.

AMPLÍE SUS APTITUDES
Muestre interés en ampliar sus conocimientos.

BUSQUE UN BUEN TRABAJO
Escoja un trabajo que le permita adquirir experiencia.

CONSIGA NUEVOS DIPLOMAS
Estudie para conseguir títulos, pues le resultará útil para alcanzar sus objetivos.

◄ **CUMPLA SU AMBICIÓN**
Su plan de actuación general debería constar de una serie de etapas que completar para alcanzar sus objetivos últimos. Tenga siempre en mente su ambición y su plan de actuación, revíselos cuando sea necesario y oriente sus acciones a su cumplimiento.

DEFINA UN PLAN DE ACTUACIÓN

Defina un plan a conciencia, que incluya los plazos para conseguir sus objetivos y los resultados, numéricos o no, que espera con su cumplimiento. Por ejemplo, si su ambición es llegar a ser director, su plan debería consistir en adquirir los conocimientos necesarios durante el primer año, participar en un equipo de trabajo y adquirir experiencia en el segundo, y obtener un cargo directivo, dentro o fuera de la empresa, en el tercero.

4 Fíjese ambiciones a largo plazo y trate siempre de mejorar.

PROSPERE

Las técnicas japonesas del *kaizen*, o mejora continua, y del *kaikaku*, o cambio radical, pueden serle de ayuda para alcanzar su ambición. El *kaizen* implica buscar constantemente fórmulas para mejorar distintas facetas de su actividad profesional, como hacen los atletas cuando intentan batir su mejor marca personal. El *kaikaku* no se usa tan a menudo. Puede consistir en empezar un negocio propio, cambiar de trabajo o de empresa, o en ambas cosas a la vez. Esté al tanto de cualquier oportunidad para dar un cambio radical y aprovéchela.

5 Asuma responsabilidades cuanto antes mejor.

6 Márquese como objetivo alcanzar el éxito y progresar.

7 Nunca dude en aprender de sus errores y sacar partido de ellos.

MIRE AL FUTURO

Es mucho más provechoso concentrarse en las metas alcanzadas y en las expectativas de futuro que en las oportunidades perdidas. Si desaprovecha una oportunidad, no pierda el tiempo lamentándose; analice por qué le pasó por alto o la rechazó. Por ejemplo, si cree que no se arriesgó por miedo al fracaso, desarrolle confianza en sí mismo.

COMPARACIÓN DE LAS AMBICIONES EN DISTINTAS ETAPAS PROFESIONALES

DIRECTOR GENERAL
Si ocupa este cargo, sus ambiciones personales dependerán de las expectativas de futuro de la empresa. Usted ve el camino que debe recorrer la empresa para alcanzar dichas expectativas, y aspira a desempeñar un papel importante en este viaje e incluso a liderarlo.

DIRECTOR DE DEPARTAMENTO
Establezca una ambición precisa para el éxito de su departamento y una para usted cinco años después de que el departamento alcance dicho éxito.

DIRECTIVO INTERMEDIO
En este cargo, es responsable de otras personas y aspira a desarrollar las aptitudes de su personal y a acumular experiencia en la empresa para poder mejorar profesionalmente.

EMPLEADO NOVEL
Su ambición es exclusivamente personal. Aspira a adquirir los conocimientos, experiencia y aptitudes necesarios para mejorar profesionalmente y con la mayor rapidez.

GANE CONFIANZA

La confianza en usted mismo y en sus capacidades constituye una aptitud esencial. Puede desarrollar su autoconfianza mediante la experiencia y el aprendizaje, del mismo modo que puede aprender a aprovecharla para «venderse» cuando trate de impresionar a los demás.

8 Confíe siempre en superar a los demás en cualquier tarea que ejecute.

ASESÓRESE

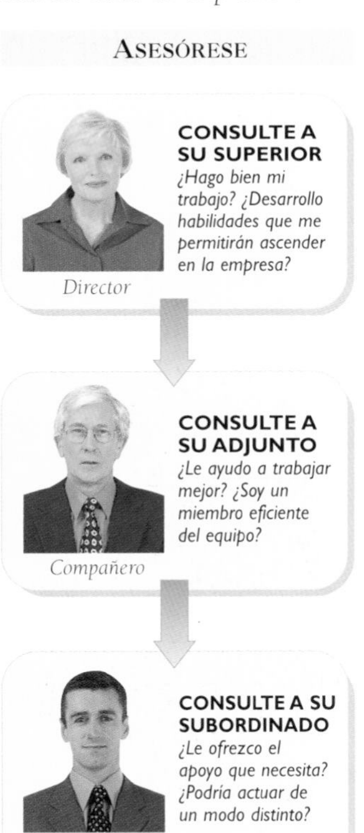

HAGA CUANTO PUEDA

Puede reforzar su autoconfianza centrándose en todo lo que hace bien. No se sienta inferior a otras personas ni piense si los demás le están criticando. Si cree que no desempeña bien una faceta determinada, recurra a la formación para mejorar sus aptitudes. Siéntase orgulloso de lo que ha hecho bien y afronte su trabajo como lo haría un deportista profesional: entrene para mejorar sus aptitudes y eliminar sus puntos débiles, pero tenga en cuenta que tanto usted como los demás deben aspirar a ofrecer el máximo de sus capacidades y a progresar continuamente.

PIDA CONSEJO

La gente suele observar y a menudo juzgar lo que usted hace y cómo lo hace. Debe verse a sí mismo como un anuncio publicitario que siempre está en antena. Saberse observado por la gente puede hacerle sentir incómodo, pero su confianza mejorará si estas observaciones son positivas. No tema pedir su opinión a clientes, jefes, superiores, compañeros o proveedores. Una vez la conozca, aplique los comentarios que le resulten útiles. No se trata de buscar la aprobación de los demás, sino de utilizar su consejo crítico y fundamentado para mejorar su rendimiento y, por lo tanto, para sentirse mejor consigo mismo. Tome nota de las críticas, pero no permita que nadie hiera su autoestima.

Habla con fluidez y tiene buena presencia

Muestra ganas de aprender y de mejorar

Aporta pruebas de la buena calidad de su trabajo

Exhibe confianza en sus pacidades

Muestra una actitud positiva

MUÉSTRESE SEGURO

uando esté en una entrevista o cuando analicen su trabajo, piense ue sus examinadores esperan encontrar signos de seguridad en sted. Confíe en sus capacidades y los demás lo notarán.

9 En una entrevista, responda directa y concisamente.

10 Recuerde: debe confiar en usted siempre que tenga motivos para ello.

EPA AFRONTAR AS ENTREVISTAS

on independencia de qué lado de la mesa ocupe, lebe mostrarse seguro durante las entrevistas. Por jemplo, tanto si entrevista a un aspirante a un cargo, omo si usted es el candidato, debe vestir de forma mpecable. Siempre que sea posible, prepare la reunión omo si de un discurso se tratara. Documéntese, haga ına lista de las preguntas que puedan surgir, e incluso nsaye los puntos más importantes. Procure terminar a entrevista con un resumen preciso.

CAUSE UNA BUENA IMPRESIÓN

Mostrarse confiado es más sencillo si de verdad lo está. No deberá haber problema alguno si conoce el tema y es consciente de sus capacidades. Estar nervioso no significa carecer de seguridad; no sentir ninguna ansiedad es síntoma de un exceso de confianza.

11 Ensaye mentalmente cómo querría que se desarrollase una entrevista y luego analice los resultados.

CONTROLE LOS RIESGOS

Para obtener beneficios importantes, debe arriesgarse. Necesitará confianza y valor antes de tomar una decisión. Sea como fuere, la gente que sabe arriesgar cuando piensa, actúa y lleva sus negocios tiene un espléndido futuro por delante.

12 Confíe en usted, pues corre un único riesgo: equivocarse.

13 Piénseselo siempre dos veces antes de actuar.

TENGA VALOR

Tener espíritu aventurero significa creer en las propias capacidades y poseer el coraje suficiente para arriesgarse a equivocarse. Cuando baraje la posibilidad de arriesgarse, sea valiente: calcule si el riesgo merece la pena, y si es así, tenga el valor y la confianza en sí mismo para asumirlo. Puede pedir consejo hasta el final, pero usted tiene la última palabra. Si asume el riesgo con confianza, se convertirá en un empresario valiente.

▲ ACEPTE EL LADO NEGATIVO

Antes de tomar una decisión arriesgada, como mudarse para cambiar de trabajo, decida si podría aceptar las implicaciones negativas –por ejemplo, la venta de su hogar–. En caso de no ser así, busque por todos los medios limitar los riesgos.

SEA POSITIVO

Cualquier decisión, desde fundar una nueva empresa hasta cambiar de trabajo, tiene su lado positivo y negativo. Cuando deba tomar una decisión arriesgada, adopte una actitud optimista y concéntrese en las posibles ventajas. Sin embargo, sea consciente de que siempre existe un lado negativo. Incluso el más optimista se pregunta, aunque sea de forma inconsciente, qué sucedería si pasara lo peor. • Si considera inaceptables las posibles consecuencias negativas, intente limitar el riesgo.

CALCULE LOS RIESGOS

No se deje engañar por el viejo principio aplicado a las inversiones según el cual «cuanto mayor sea el riesgo, mayor será el beneficio». De hecho, los beneficios de una decisión relativamente segura, como cambiar de trabajo, pueden ser muy importantes. De todos modos, siempre debe valorar los riesgos antes de tomar cualquier decisión mediante una serie de sumas sencillas aunque muy eficaces. Recuerde también que su inhibición puede conllevar un riesgo implícito, ya que no tomar una decisión determinada puede impedirle progresar en el plano profesional, financiero o empresarial.

14 Emplee listas de pros y contras y analícelas.

15 Infórmese y nunca tome una decisión sin tener todos los datos.

▼ ARRIÉSGUESE A CAMBIAR DE EMPLEO

Analice las posibilidades que tendrá de conseguir sus objetivos si cambia de empleo. A continuación, calcule las posibilidades de cumplir sus expectativas con su empleo actual.

Haga una lista de los factores que usted considera positivos en el trabajo.

Sea objetivo con las puntuaciones.

Factores	Importancia (puntuación sobre 10)	Posibilidades (puntuación sobre 10)	Riesgo (multiplique puntuaciones)
SI CAMBIO DE EMPLEO			
Mejor retribución financiera	10	10	100
Más oportunidades de liderazgo	5	6	30
Trabajo más agradable	5	5	25
Mejor ubicación	4	8	32
TOTAL			**187**
SI NO CAMBIO DE EMPLEO			
Mejor retribución financiera	10	5	50
Más oportunidades de liderazgo	5	7	35
Trabajo más agradable	5	5	25
Mejor ubicación	4	4	16
TOTAL			**126**

DESARROLLE SU DINAMISMO

Para desempeñar correctamente cualquier trabajo se necesita energía física, aunque la energía que marca la diferencia entre el éxito y el fracaso es psicológica. Desarrolle el dinamismo necesario orientando su energía de forma constante y determinada.

16 Anote sus ambiciones; son metas alcanzables.

MUESTRE DETERMINACIÓN

Es propio del ser humano poseer grandes ideas que nunca pone en práctica. Sin embargo, estos planes, aun siendo ambiciosos, suelen ser viables, pero falta la fuerza de voluntad necesaria para llevarlos a cabo. Mantenga vivas sus ideas mediante la planificación de sus acciones. Sepa que adoptar la mentalidad adecuada le ayudará a centrar su atención en observaciones importantes que de otro modo le habrían pasado por alto. Abandone sus planes si su análisis revela defectos, pero no por miedo o pereza.

17 Nunca se rinda de buenas a primeras: siga luchando.

ADOPTE LA MENTALIDAD ADECUADA

El dinamismo y la energía se parecen a las aptitudes físicas pues, del mismo modo que algunas personas nacen con un mayor potencial físico, algunos talentos mentales también son innatos. Todo el mundo puede fijarse un objetivo y tratar de alcanzarlo para triunfar. Si lo hace, concentrará todo su dinamismo en esa meta. Puede multiplicar su energía canalizándola hacia el objetivo que se haya fijado.

FÍJESE UN OBJETIVO ▶

Todo el mundo puede fijarse como meta, por ejemplo, correr más rápido, para lo cual necesitará entrenamiento. De este modo, la mayoría de gente, que nunca podrá ni acercarse a la velocidad de los atletas, sí mejorará ostensiblemente su rendimiento.

LLEGUE HASTA EL FIN

En ciertas ocasiones, renunciar es la decisión correcta. Sin embargo, en otras se hace por autoconvencimiento. Como usted desea abandonar un proyecto, éste se detiene, como sucede cuando estudia un idioma o cuando pone en marcha un nuevo negocio. Mucha gente renuncia mucho antes de dar el máximo de sus capacidades y abandona un proyecto antes de alcanzar su primer objetivo. En la mayoría de esos casos, ese objetivo es alcanzable, por lo que debería seguir adelante. Por otro lado, todo el mundo conoce ejemplos de gente que ha conseguido alcanzar metas imposibles. Antes de tomar la decisión de renunciar, analice los posibles beneficios, por si las ventajas superan a los inconvenientes.

18 **Cuando alcance una meta, fíjese otra más ambiciosa.**

19 **Siga el ejemplo de alguien con dinamismo y energía.**

EVALÚE SU NIVEL DE DINAMISMO

Lea las siguientes afirmaciones para ver cuáles le definen mejor. Si está de acuerdo con la mayoría de las afirmaciones de la columna de la izquierda, posee una gran ambición y dinamismo. Cuantas más afirmaciones de la columna de la derecha coincidan con su personalidad, más necesitará trabajar para desarrollar el dinamismo necesario.

- Se considera joven.
- Es una persona estable, tranquila, aventurera, atrevida y segura de sí misma.
- Posee grandes aspiraciones.
- Percibe los cambios como positivos.
- Se siente libre y con un rumbo definido.
- Le gusta arriesgarse.
- Pasa mucho tiempo con sus superiores.
- En su vida profesional ha conseguido más éxitos de los que esperaba.
- Está dispuesto a cambiar de trabajo.
- Casi nunca está enfermo ni falta al trabajo.
- El estrés y la tensión no le afectan.
- No fuma y hace ejercicio.

- Se considera mayor.
- Es inestable, tímido, comedido, aprensivo y se preocupa demasiado.
- No posee grandes aspiraciones.
- Le disgustan los cambios.
- Se siente encerrado, estancado y sin rumbo.
- Siempre apuesta sobre seguro.
- No se relaciona con sus superiores.
- En su vida profesional no ha tenido el éxito que esperaba.
- No es partidario de cambiar de trabajo.
- Suele estar enfermo y faltar al trabajo.
- A menudo se siente estresado y tenso.
- Fuma y no hace ejercicio.

SEA UN LÍDER EFICIENTE

Saber dirigir a los demás es una cualidad esencial. Para desarrollar su potencial como líder, debe conseguir que sus colaboradores y subordinados trabajen de modo productivo y aprovechar sus iniciativas para mejorar los resultados.

20 Nunca pida a los demás algo que usted no haría.

21 Aproveche todas las oportunidades para delegar tareas.

DIRIJA A LOS DEMÁS

Para conseguir que su personal ofrezca su máximo rendimiento, es esencial que usted predique con el ejemplo. Si confían de verdad en la resistencia e inteligencia de su superior, los empleados darán lo mejor de sí mismos. También esperan que su líder sea alguien competente. Para ello, podría delegarles algunas de sus tareas, con lo que incrementaría la participación del personal y su capacidad para trabajar autónomamente. Debe identificar los puntos fuertes y débiles de sus subordinados para delegarles tareas que desarrollen esos puntos fuertes.

FOMENTE LA PARTICIPACIÓN ▼

Apoyar a los empleados competentes es un requisito básico para convertirse en un buen líder. Siempre que sea posible, permita que los demás tomen la iniciativa e invíteles a aportar sus propios consejos e ideas.

El empleado se siente respaldado para tomar la iniciativa.

Este compañero expone libremente sus ideas.

Este miembro del equipo se siente motivado e identificado con el proyecto.

El director adopta un papel secundario durante la reunión.

OBTENGA LA COOPERACIÓN DE SU PERSONAL

La cooperación entre un director y su equipo requiere compromiso por ambas partes. Si espera que su personal colabore, usted tiene que dar el primer paso sin perder un ápice de su autoridad. Debe formular dos preguntas clave a los miembros de su equipo: «¿Pongo algún obstáculo en su trabajo?» y «¿Hay algo que pueda hacer para ayudarlos?» Atienda a las sugerencias que le hagan, invirtiendo, por ejemplo, en nuevos recursos o formación, pues así conseguirá importantes mejoras en el funcionamiento de la empresa. No atender a las sugerencias podría provocar el efecto contrario.

22 Intente saber lo que opina la gente sobre su gestión.

23 Recuerde que su valor como líder depende del de sus subordinados.

PREGUNTAS QUE DEBE HACERSE

P ¿Doy a los demás la oportunidad de hablar en vez de imponer sistemáticamente mis ideas?

P ¿Soy justo con mi equipo cuando los represento dentro y fuera de la empresa?

P ¿Me mantengo al margen de las políticas de despacho?

P ¿Me esfuerzo por crear un ambiente positivo en el que la gente pueda aportar sus ideas?

FORME LÍDERES

Como director, necesita recibir una formación que le permita desarrollar sus aptitudes para aprender a priorizar, mejorar, delegar y motivar. Considérelo parte de su programa de desarrollo personal, y asegúrese de que los miembros de su equipo, y muy especialmente sus subordinados inmediatos, desarrollen sus propias aptitudes de liderazgo. Escuchar atentamente, realizar críticas constructivas, ser comprensivo con los errores sin dejar de corregirlos y mantener la objetividad son cualidades de liderazgo esenciales. Al mismo tiempo que usted desarrolla su potencial, debería ayudar a los demás a desarrollar el suyo.

DESARROLLE SUS APTITUDES DE LIDERAZGO

Todo líder necesita una personalidad bien definida para ejercer influencia y desempeñar correctamente su función. Para ser un buen líder, necesitará:

- Asegurarse de que todo el mundo trabaja en pos de unos objetivos comunes y compartidos.
- Realizar una crítica constructiva y reconocer los méritos.
- Fomentar la generación de nuevas ideas.
- Intentar ofrecer un nivel de calidad óptimo.
- Desarrollar las aptitudes individuales y colectivas y reforzarlas.

MANTÉNGASE EN FORMA

La forma física influye en muchos aspectos. No sería justo consigo mismo si esperara rendir al 100 % en el trabajo cuando su mente y su cuerpo están en baja forma. De su estilo de vida y de la cantidad de ejercicio que realice, dependerá su potencial y sus resultados.

24 Evalúe su estado de forma y haga ejercicio para mejorarlo.

GOCE DE BUENA SALUD

La mayoría de las personas sólo necesita realizar mínimos ajustes en su estilo de vida para mejorar su estado de forma y gozar de buena salud, lo cual resulta esencial para ofrecer un buen rendimiento. Descansar adecuadamente, seguir una dieta equilibrada y hacer ejercicio con regularidad son decisiones inteligentes y beneficiosas. Si lleva una vida equilibrada y cuida su forma física, comprobará que tiene mucha más fuerza y energía para poder trabajar a pleno rendimiento.

◀ **MEJORE SU FORMA FÍSICA**
Ir en bicicleta es una buena forma de hacer ejercicio, aunque para mejorar su forma física necesitará fijarse algunas metas. Concéntrese en mejorar su velocidad sobre una distancia concreta.

EJERCITE EL CUERPO

Cualquier programa de mantenimiento físico debería contar con un punto de referencia. La mejor referencia es la capacidad aeróbica, que analiza el funcionamiento del corazón y los pulmones. Algunos deportes, como el remo, requieren un gran potencial aeróbico. Otras actividades físicas, como ir en bicicleta o correr, pueden servir para desarrollar la capacidad aeróbica aumentando progresivamente la velocidad sobre una distancia determinada. Elija un deporte de su agrado y fíjese metas para mejorar. Pronto constatará los beneficios, en el aspecto físico y en el mental.

25 Practique una actividad física que le guste y le haga sentirse a gusto.

CONSIGA ESTAR EN FORMA

DEPORTE	RITMO ACONSEJABLE	VALOR AERÓBICO
CICLISMO	30–45 minutos, tres veces por semana	Muy alto
REMO	3 horas, una vez por semana	Muy alto
CORRER	30-45 minutos, tres veces por semana	Muy alto
NATACIÓN	45 minutos, tres veces por semana	Muy alto
FÚTBOL	1-2 horas, dos veces por semana	Alto
CAMINAR	45 minutos, tres veces por semana	Alto
SQUASH	1 hora, dos veces por semana	Medio
TENIS	1-2 horas, dos veces por semana	Medio
VOLEIBOL	1-2 horas, dos veces por semana	Medio
GOLF	36 hoyos, una vez por semana	Bajo

26 Combine ejercicios para desarrollar su capacidad aeróbica y muscular.

27 Si siente dolor no se resigne a soportarlo; consulte a su médico.

MANTÉNGASE ÁGIL

La capacidad aeróbica no es ni mucho menos la única referencia para conocer su estado de forma. Dispone, además, del equilibrio, la flexibilidad o la fuerza, aspectos de la forma física que solemos descuidar. Puede mejorarlos yendo al gimnasio. Asimismo, le resultaría muy provechoso caminar a buen paso, realizar estiramientos, flexionar las rodillas o dedicar diez minutos al día a hacer los ejercicios de calentamiento apropiados, e incluso yoga o t'ai chi. Si a pesar de ello persiste el dolor, podría deberse en parte a su trabajo. (Por ejemplo, si trabaja inclinado sobre el escritorio, es muy probable que esté forzando la espalda). Para esos casos, la osteopatía u otras terapias similares producen efectos milagrosos.

QUÉ COMER PARA ESTAR EN FORMA

La comida le aporta los nutrientes para mantener la salud y las calorías para la energía que necesita. La vida empresarial genera muchos hábitos de alimentación perjudiciales. Los bocadillos y las bebidas del almuerzo, o las opíparas comidas a cargo de la empresa influyen negativamente en su concentración, digestión y línea. Fíjese un peso como objetivo y manténgalo controlando el consumo de calorías.

▲ UNA ALIMENTACIÓN SANA
No importa lo ocupado que esté; debe desayunar. Los cereales, el pan, la fruta y los zumos naturales le proporcionarán la energía necesaria para empezar el día.

28 Mantenga sus niveles de energía con comidas ligeras.

29 Compruebe los síntomas de estrés: cuídese.

SOLICITE AYUDA

Los nervios y el estrés de la vida laboral pueden provocar muchas depresiones, sean pequeñas o profundas. La solución es la misma que para los síntomas físicos: si ve que su salud mental empeora gravemente, pida consejo. El mero hecho de hablar con un amigo o un médico puede bastar. Los fármacos o alguna terapia alternativa como la meditación resultan también útiles. En cambio, sufrir en silencio afectará negativamente a su rendimiento y puede, incluso, impedirle trabajar.

EVITE CAER EN UNA DEPRESIÓN

Cuanto mayor sea el número de afirmaciones que coinciden con la realidad, mejor debería ser su salud mental. Y, al revés, cuantas menos coincidan, más propenso será a sufrir depresiones que podrían llegar a ser graves:

- No me siento en absoluto desgraciado.
- Soy optimista respecto al futuro.
- No me siento fracasado.
- Estoy muy satisfecho con la vida que llevo.
- No tengo ningún sentimiento especial de culpa.
- No estoy decepcionado conmigo mismo.
- Me intereso por los demás.
- Tomo decisiones con la misma seguridad.
- Puedo rendir en el trabajo a mi nivel habitual.
- No me canso más de lo normal.
- Sigo teniendo el mismo apetito de siempre.
- Nunca me relajo en exceso.

▲ DESCONECTE

.as vacaciones con su familia le permiten desconectar de las tensiones 'e la rutina diaria y del estrés del trabajo. Realizar cortas escapadas 'e forma regular puede ser más beneficioso que tomarse unas largas acaciones muy de vez en cuando. Aproveche cualquier oportunidad ara tomarse uno o dos días libres.

DESCANSE

Mucha gente con una importante carrera profesional a sus espaldas trabaja «todas las horas del día», a veces pensando que con ello consiguen una posición ventajosa respecto a quienes dedican menos horas. Sin embargo, el éxito depende del potencial de las ideas y de su ejecución: el tiempo invertido no influye demasiado. Al contrario, un exceso de trabajo puede afectar a su concentración y rendimiento. Procure evitar llevarse trabajo a casa (o ir a la oficina) los fines de semana. Para rendir a un buen nivel, debe llevar una vida equilibrada.

RECUERDE

- La planificación de un horario flexible le ayudará a evitar los viajes de negocios durante las épocas de mayor trabajo.
- Ir al trabajo andando o en bicicleta de vez en cuando mejorará su forma física.
- Controlarse en las comidas es mejor que habituarse a una única pero opípara comida diaria.
- Leer, ver la televisión o escuchar música antes de ir a la cama le ayudará a dormir mejor.
- Deje claro en el trabajo que tiene compromisos familiares. De este modo, se ahorrará problemas cuando tenga que tomarse tiempo libre para asistir, por ejemplo, a un partido de su hijo.

DUERMA BIEN

Para ofrecer un buen rendimiento, es imprescindible dormir. A pesar de que las horas necesarias varían según la persona, todo el mundo necesita una dosis mínima de sueño. Reduzca las horas de sueño diarias. Si recorta progresivamente el tiempo de sueño durante un período largo, puede descansar con sólo cuatro horas; así podrá dedicar el tiempo ganado a otras actividades. Sin embargo, si elimina horas de sueño sin un período de adaptación previo, los resultados serán contraproducentes.

30 Si se siente cansado, pruebe a hacer una pequeña siesta para recuperar fuerzas.

BUSQUE LA PERFECCIÓN

Sólo existe un camino para llegar a la perfección: dar el máximo de uno mismo y no conformarse hasta que los resultados sean óptimos. Sea su crítico más severo, prestando atención a sus errores e intentando explotar todo su potencial.

31 No se conforme con hacer bien su trabajo: supérese.

PREGUNTAS QUE DEBE HACERSE

- P ¿Hago una valoración de mi trabajo a diario?
- P ¿Sigo un método de trabajo para mejorar los resultados?
- P ¿Acepto críticas de los demás y actúo en consecuencia?
- P ¿Cumplo los mínimos que les exijo a los demás?
- P ¿Tengo en cuenta lo que he hecho bien en el pasado?

BUSQUE LA PERFECCIÓN

Si intenta alcanzar la perfección, estará en buena disposición de ofrecer un rendimiento óptimo. Alcanzar la perfección en alguna actividad implica ser el mejor y ése debe ser su objetivo. Incluso cuando es momentánea, la perfección resulta extremadamente difícil de alcanzar, por no decir imposible. En la práctica, si aspiramos a ella conseguiremos mejorar nuestro rendimiento, siempre imperfecto. Recuerde que no conformarse con sus errores es una arma poderosa para alcanzar el éxito.

SEA EL MEJOR

Al igual que los atletas, los empresarios y las empresas necesitan rivales o alguien que les indique el camino para rendir al máximo. Para establecer un punto de referencia, necesitará un estudio comparativo del rendimiento de la empresa que le permita fijar sus objetivos. El defecto de este enfoque es que, en ocasiones, los puntos de referencia no son suficientemente altos. Usted quiere ser el mejor en todo cuanto haga. Eso significa que debe estudiar el rendimiento de los demás para descubrir no sólo lo que hacen bien sino cómo podrían hacerlo mejor. Ser el mejor representa establecer nuevos criterios y seguramente adoptar nuevas vías de actuación.

32 Piense que siempre puede aprovechar mejor sus habilidades.

33 Aspire a la perfección, aunque le parezca imposible alcanzarla.

APRENDA UN IDIOMA

Dominar otras lenguas es esencial para las negociaciones y las relaciones comerciales. Asimismo, resulta muy útil para ejercitar la mente. Las cintas y los vídeos constituyen herramientas de aprendizaje eficaces, aunque el mejor método es el sistema interactivo. Para sacar partido de él, inscríbase en un centro o siga un curso multimedia. Luego practique sus nuevas aptitudes.

Este director recurre a las cintas para aprender un idioma.

APLÍQUESE ▶
Fije un horario de estudio y busque un ambiente adecuado para poderse concentrar sin que le distraigan.

▲ RECOJA LOS BENEFICIOS
Conseguir dominar los programas informáticos puede requerir tiempo y esfuerzo, aunque esos sacrificios merecen la pena porque los beneficios superarán con creces la inversión.

DOMINE LOS RECURSOS INFORMÁTICOS

Con independencia de cómo acceda a los recursos informáticos, debe tener en cuenta que son un buen complemento para sus aptitudes y capacidades mentales. Debe aprender a dominar un procesador de textos, el correo electrónico y las hojas de cálculo. Las herramientas de trabajo como las agendas de trabajo y las bases de datos personalizadas valen su peso en oro, y disponer de ellas cuesta muy poco. Al margen de sus beneficios personales, los ordenadores permiten a los trabajadores de muchas empresas acceder a sus archivos, compañeros, mensajes, clientes, distribuidores, colaboradores, etc.

APLIQUE SUS CONOCIMIENTOS

Asegúrese de que los cursos que decida seguir sean relevantes para su trabajo, así, después podrá aprovechar cualquier oportunidad de aplicar sus nuevos conocimientos. No deje que algunos compañeros con menos inquietudes menosprecien lo que ha aprendido. Sólo podrá saber si lo que ha aprendido es realmente útil cuando compruebe su aplicación en el trabajo diario. Haga partícipes de sus aptitudes a sus compañeros y conviértalos así en aliados.

40 Adquiera conocimientos prácticos y luego aplíquelos.

PIENSE PRODUCTIVAMENTE

La habilidad mental más importante, la capacidad de reflexión, es la que menos atención recibe en la escuela y en la empresa. Desarrolle esta capacidad mediante la lógica y adopte técnicas contrastadas para mejorar la aplicación de sus ideas.

41 Adquiera toda la información necesaria y saque conclusiones.

Evalúe todos los hechos antes de planificar cómo actuar.

▲ PLANIFICACIÓN LÓGICA
Anote todo lo que pueda ocurrir y sus posibles consecuencias; de este modo podrá planificar cómo actuar ante cada situación.

UTILICE LA LÓGICA

Lógica significa razonamiento correcto. Utilícela para alcanzar el estadio ideal en que la fuerza de los hechos deja lugar a una única alternativa. Esta situación no se da siempre, porque entonces existirían demasiadas incógnitas. Sin embargo, una buena gestión empresarial empieza por la identificación de los hechos, a partir de los cuales se pueden establecer conclusiones sólidas. La lógica mantiene su validez en situaciones de incertidumbre. Enumere las posibles situaciones y establezca de forma lógica qué posibles consecuencias podrían acarrear. De ese modo puede idear planes consistentes para hacer frente a cualquier eventualidad, a la vez que calcula todas las posibilidades.

PENSAMIENTO LATERAL

El pensamiento lateral, como dice Edward de Bono, utiliza varias técnicas para reexaminar las ideas preestablecidas y llegar a nuevas y mejores soluciones y propuestas. Esta técnica es la de la provocación, es decir, proponer conceptos extravagantes para ver qué ideas prácticas se derivan. Otra posibilidad consiste en buscar analogías con otros sectores. Si le dicen que algo es imposible o que no funcionará, redoble sus esfuerzos para ver si la idea es válida.

42 No confunda las ideas extravagantes, extremas e inviables con la creatividad.

SIGA SUS INTUICIONES

Los presentimientos y las corazonadas no parecen tan fiables como la lógica, el pensamiento lateral y la capacidad de reflexión. Sin embargo, los procesos intuitivos tienen tanto valor intelectual como cualquier otro. La intuición tiene en cuenta factores que la conciencia quiere reprimir, lo que ocurre cuando una duda indefinible le impide tomar una decisión determinada. No desoiga esos mensajes interiores. Sin embargo, aplique a las intuiciones el mismo proceso analítico que a los planes lógicos. Contraste la intuición con los hechos. Quizá no cuente con una base sólida para seguir sus instintos. A pesar de ello, arriesgarse en esas circunstancias podría ser la mejor opción, a pesar de un posible error.

43 Anime a la gente a dar rienda suelta a sus intuiciones y lógica durante las reuniones para generar ideas.

PREGUNTAS QUE DEBE HACERSE

P ¿He recopilado todos los datos que necesito para llegar a la solución correcta?

P ¿He considerado todas las posibles alternativas antes de tomar la decisión?

P ¿Me he saltado los esquemas al buscar nuevos métodos para solucionar este asunto?

P ¿He consultado con todas las personas implicadas en el asunto?

P ¿He empleado el proceso mental más adecuado para llegar a mi conclusión?

P ¿Qué sensación me produce este asunto? ¿Estoy convencido intelectual y emocionalmente?

P ¿Dispongo de planes de emergencia por si mis ideas no funcionan como estaba previsto?

SOLUCIONE LOS PROBLEMAS DE FORMA LÓGICA

Cuando se aplica la lógica a una situación, el resultado puede ser distinto al que habíamos intuido. En este ejemplo, David tenía la intuición de que una reducción de los precios generaría un aumento de las ventas. Sin embargo, su superior quiso examinar la propuesta más a fondo. Su análisis lógico reveló que la empresa saldría muy perjudicada con la reducción de precios. Consecuentemente, la propuesta intuitiva del jefe de ventas no era inteligente.

ANÁLISIS DE UN CASO

David, jefe de ventas de una gran empresa, estaba preocupado por la evolución de las ventas. Se dirigió a su director, Juan, con una propuesta para reducir los precios un 20% y aumentar así el volumen de ventas. Le dijo a Juan que, si aplicaban una política de reducción de precios, incrementarían las ventas notablemente y que si no lo hacían, éstas caerían en picado. Juan calculó en cuánto tendrían que aumentar las ventas para cubrir la pérdida de beneficios resultante de la reducción de precios. El resultado reveló que las ventas tendrían que quintuplicarse. Entonces calculó en cuánto tendrían que caer las ventas si el precio aumentaba un 20% antes de que la empresa perdiera beneficios. El cálculo indicó que en un 44%. Mostró su análisis a David y le preguntó: «¿De verdad cree que con una rebaja del 20% en los precios, las ventas aumentarían en un 400%?». Muy a su pesar, David tuvo que reconocer que no.

MEJORE SU MEMORIA

Una buena memoria constituye una gran baza que uno siempre puede desarrollar. Incluso los más increíbles expertos en la memoria se sirven de técnicas adquiridas para realizar sus hazañas. Adopte una actitud similar y nunca olvidará lo que necesite recordar.

44 Analice siempre sus recuerdos: son intensos pero a menudo imprecisos.

COMPRUEBE SU MEMORIA

La gente suele quejarse de que su memoria le falla, pero hay diversos factores que afectan a los recuerdos, incluyendo el estrés y el cansancio, y que no reflejan la capacidad intelectual real. Haga una sencilla prueba. ¿Es usted capaz, por ejemplo, de recordar una lista de diez palabras en el orden correcto con sólo hacer una lectura rápida? Si no es así, no desespere y siga intentándolo.

45 Si le falla la memoria, aprenda técnicas para recordar.

RECUERDE LISTAS Y NÚMEROS

Para ayudarle a recordar una lista, intente componer una historia que integre todas las palabras. Cuanto más extravagante sea, mejor. Por poner un ejemplo: «Un hombre necesita una **aspirina** para un fuerte dolor de cabeza tras haber bebido demasiado **vino** que le costó mucho **dinero**. Escribe una **nota** en su **libreta** para no volverlo a hacer, y empieza a comer **naranjas** para curarse. Una de las naranjas **florece** y se convierte en árbol, que él reduce a papel para hacer un **libro**. El libro contiene una receta para cocinar **salchichas** con **jabón en polvo**, una **comida para animales**». Ahora podrá recordar la lista perfectamente.

Para recordar los números más fácilmente, sustituya los dígitos por palabras, utilizando por ejemplo sencillas rimas: 1 = Tuno, 2 = Tos, 3 = Revés, etc.

Entonces podrá componer sus propias asociaciones numéricas. Gracias a la asociación con sus diez «palabras numéricas» podrá retener en la memoria cualquier lista de objetos, ideas, gente, aspectos de un discurso o números.

Aspirina
Vino
Dinero
Libreta de notas
Naranjas
Flores
Libro
Salchichas
Jabón en polvo
Comida para animales

46 Desarrolle un buen archivo para cualquier dato que quiera conservar.

RECURRA A ASOCIACIONES

Es muy útil ser capaz de recordar lo que uno quiere o necesita. Las asociaciones de ideas son esenciales para poseer una memoria eficaz, y si recurre a ellas conseguirá resultados que creía fuera de su alcance, como hacer un discurso de treinta minutos sin necesidad de notas. Las asociaciones consisten en relacionar lo que se ha de recordar con otras ideas, por ejemplo con rimas. La mnemotecnia constituye una variante de asociación de ideas. Como éstas: «Colón cruzó el océano, veloz, en mil cuatrocientos noventa y dos».

AYUDE A SU MEMORIA

No hay razón para saturar el cerebro obligándole a escudriñar en la memoria cuando un ordenador, un sistema de archivo o una libreta pueden desempeñar perfectamente esa función. Asimismo, debería disponer de un gran número de fuentes de consulta, sea en Internet o en sus estanterías. Tenga en cuenta que el ordenador facilita mucho todo este proceso. Utilícelo a menudo.

Idee un sistema de archivo eficaz que le ayude a encontrar rápida y fácilmente cualquier información.

▼ **ALMACENE INFORMACIÓN**

Idee un sistema de archivo que cubra sus necesidades y asegúrese de que sea eficaz. Siempre que quiera recuperar algún dato, debería poder localizarlo con facilidad.

Una palabra clave identifica los contenidos.

Se adjunta una sencilla etiqueta para cada carpeta.

Cada carpeta es de un color, según el tipo de información que contenga.

◀ **CONSERVE LA INFORMACIÓN**

Apunte los aspectos relevantes de una entrevista o de una lectura y archívelos a continuación.

MEJORE SU LECTURA

Saber leer es vital para ser eficiente. Cuanto más rápido lea y más comprenda, mejor. La creencia de que la velocidad de lectura influye negativamente en la comprensión es falsa. Aprenda a leer más rápido y comprobará que mejora su comprensión.

47 Consulte ejemplos y consejos interesantes de otras empresas y países.

▲ **LECTURA EN DIAGONAL**
Haga una lectura en diagonal de párrafo en párrafo. Lea de un tirón durante 20 minutos, evitando distraerse.

LEA MÁS RÁPIDO

Pocos directores conocen una estadística personal esencial. ¿Cuál es su velocidad de lectura actual? La media se sitúa entre 250 y 300 palabras por minuto (ppm), aunque puede practicar, sólo o con ayuda, para leer mucho más rápido. El primer consejo es leer únicamente lo que necesita saber. Examine primero el texto, pase por alto la información superficial y lea sólo la esencial. No relea palabras y frases. Concentre la mirada en grupos de palabras y avance en la lectura, intentando integrar el máximo número de palabras en cada grupo. Siguiendo estos sencillos consejos podrá aumentar su velocidad de lectura en un 30% y ganar así dos horas de tiempo cuando lea un libro de una extensión media.

COMPRENDA MÁS RÁPIDO

Siguiendo la creencia errónea de que a mayor velocidad de lectura, menor comprensión del texto, la gente suele releer varias veces los pasajes y las frases. De hecho, aplican una estrategia equivocada. Las pruebas demuestran que la comprensión aumenta con la velocidad. Un lector experto no sólo consigue duplicar la velocidad de lectura normal, sino que también obtiene un mayor grado de comprensión del texto. Los mismos métodos que aumentan la velocidad permiten una mayor concentración en la lectura. Acostúmbrese a tomar notas.

48 Fíjese un plazo para realizar la lectura de cada libro y cúmplalo.

ELIJA UN TEMA

Seguramente su trabajo ya le obligará a leer mucho. De todos modos, lo desempeñaría con mayor eficacia si dedicara aún más tiempo a la lectura. Fíjese un plan de lectura semanal o mensual e intente cumplirlo. Podría ponerse como objetivo leer al menos un periódico serio al día, una revista práctica a la semana, y un libro interesante al mes. El libro no tiene por qué tratar de gestión empresarial, aunque cada año se publican obras excelentes que abordan todos sus aspectos. Estos libros contienen valiosos consejos, informaciones e ideas, como ocurre con los periódicos y las revistas. Un multimillonario estadounidense, gracias a su cadena de pizzerías, posee la mayor biblioteca mundial de autoayuda. Con independencia de si esos libros han contribuido a su éxito o no, la conclusión que se desprende es clara. Leer para su enriquecimiento personal puede reportarle grandes beneficios.

QUÉ DEBE HACER

1. Compruebe su velocidad de lectura y auméntela.
2. Compruebe su comprensión del texto con una lectura lenta y con una rápida.
3. Lea diariamente.
4. Antes de empezar un libro, hojéelo.
5. Haga una lista de libros útiles para el trabajo y para aumentar su cultura general.

RETENGA LA INFORMACIÓN

49 Memorice algunos hechos y datos de todo cuanto lea.

50 Ordene sus archivos a menudo y tendrá los datos a mano.

ESCRIBA Y HABLE CON MAYOR FLUIDEZ

La mayoría de directores, como toda la gente, tiene dificultades para hablar en público y escribir correctamente. Siguiendo unas sencillas normas, su estilo de redacción será más que aceptable y se convertirá en un buen orador.

51 Consiga que un amigo lea y critique sus escritos.

ESCRIBIR UN TEXTO

Cuando escriba un texto procure emplear siempre palabras cortas y la voz activa a la pasiva. Debe escribir frases cortas y precisas. No recurra a fórmulas para destacar información, como las mayúsculas para palabras que no son nombres propios, ni emplee jerga empresarial. Evite el uso de arcaísmos como «si bien es cierto que» o «empero» y huya de los clichés como «llegados a este punto». Al contrario, debe adoptar un lenguaje fluido, con conectores lógicos entre las ideas y los párrafos. Escriba únicamente las palabras necesarias. Si reduce la extensión de su texto, probablemente mejorará su calidad. Tener en cuenta el destinatario también le resultará útil.

52 Lea todo lo que escriba, en voz alta o baja: ¿es bueno?

Sustituya las palabras comunes por símbolos como d por de o pq por porque.

Elimine las vocales a menos que empiecen una palabra.

Las palabras siguen siendo fácilmente reconocibles aun sin las vocales.

Utilice cifras para representar los números.

D est md, l vlcdd d s escrtr cn un blgrf o lpz aumntr, as cm l d ss txts en ordndr o a mqn, s as prfr trbjr.

Cnd escrb, l idntfccn d ls plbrs n s v afctd pr l ausnc d ls vcls, cn l q dspn d un sstm prcs y prctc.

Incls s est acstmbrd a est sstm, rslt útl escrbr pr cmplt plbrs cmplcds o pc crrnts. Asmsm, cnd un d ls plbrs pd cnfndrs cn 1 o 2, escrbrl pr cmplt es un sb dcsn.

◄ TOME APUNTES

Organice sus apuntes en párrafos cortos y concéntrese en seleccionar los puntos, hechos y frases importantes. Pruebe un método de escritura rápida, con el que podrá duplicar su velocidad mediante la eliminación de vocales y la sustitución de palabras comunes por símbolos.

▲ **DICTE TEXTOS**

Podrá dictar más deprisa si organiza previamente el documento y tiene preparadas todas las notas y los documentos de referencia. Calcule el tiempo que le llevará y llegue hasta el final antes de revisar el texto producido.

DICTADO

Escribir requiere tiempo. Sólo los redactores expertos pueden escribir un buen texto a un ritmo de 20 palabras o más por minuto. Hablar a un ritmo de 160 palabras por minuto (ppm) resulta cómodo para usted y para el oyente, lo que demuestra que el dictado es la forma más rápida de escritura. Obviamente, no alcanzará las 160 ppm pero sí podrá duplicar o triplicar su velocidad actual. Aunque necesitará que le transcriban su dictado o cinta. Además, deberá invertir cierto tiempo para revisarlo y reescribirlo. Dispone de programas informáticos que transcriben dictados.

53 Trate de hacer un discurso sin recurrir a sus notas ni mirar el reloj para ver el tiempo transcurrido.

Mire directamente a su auditorio y adopte una postura receptiva.

Recurra a sus notas sólo cuando sea estrictamente necesario.

HABLE CLARO

En la vida cotidiana, prácticamente todo el mundo sabe expresarse. Existen grandes oradores, pero usted no compite en su liga. En una conversación normal y corriente, usted se hace entender perfectamente, no tiene problemas para expresarse con fluidez y es capaz de hablar de todo lo necesario sin hacerse pesado. Pues bien, también así debería ser en su vida profesional. Imagine que habla para un grupo de amigos que, como usted, están profundamente interesados en lo que tiene que decir y a los que no tiene que impresionar con su verborrea.

◀ **SEA NATURAL**

Si esta familiarizado con sus notas, dará mayor sensación de naturalidad y llegará más fácilmente a su auditorio.

VENZA LOS NERVIOS

Incluso los presentadores profesionales, habituados a las cámaras, reconocen tener nervios antes de empezar el programa. Igualmente, los escritores galardonados dudan de la calidad de su última obra. Este nerviosismo refleja una inquietud positiva que hace correr la adrenalina a medida que se acerca el momento de la batalla. Si sufre excesivos nervios, libérelos siguiendo técnicas de relajación, dando un paseo o repasando sus notas. Y sobre todo recuerde: por lo general, su auditorio y sus colaboradores desean que consiga realizar un buen discurso, por lo que se mostrarán receptivos. De hecho, están tan interesados como usted en que todo salga bien.

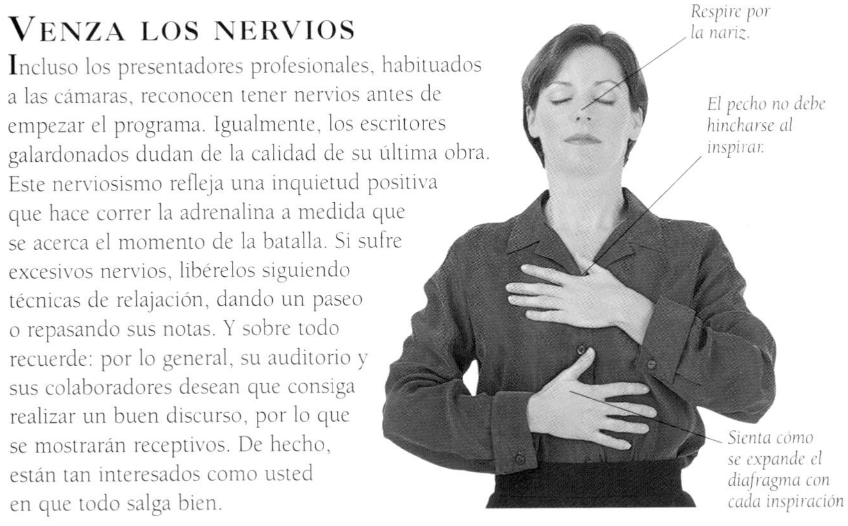

▲ **SUPERE LOS NERVIOS DE ÚLTIMA HORA**
Trate de realizar el siguiente ejercicio de respiración para despejar su mente y eliminar la tensión. Cierre los ojos. Coloque una mano sobre el pecho y la otra sobre el diafragma. Inspire y sienta cómo se expande el diafragma; después expire lentamente. Repítalo varias veces.

54 Mantenga la vista fija en una de las últimas filas de la sala.

55 Use transparencias informáticas para mejorar el efecto.

ESTRUCTURE SU DISCURSO

Cualquier discurso se estructura en tres M: mensaje, material y modo. ¿Qué quiere comunicar? Escoja un mensaje amplio y general para comunicar a su auditorio. Siga el orden lógico: explique primero lo que va a decir, dígalo y finalmente resuma lo dicho. Dentro del mensaje general, marque con viñetas los puntos clave (los menos posibles) y reserve tres minutos por punto. ¿Con qué ilustrará su mensaje? Escriba al lado de cada punto clave las transparencias, gráficos o cálculos que empleará. La duración ideal para un discurso está entre 20 y 40 minutos. Si se alarga más, la audiencia empezará a disminuir su atención.

SEPA PRESENTAR UN DISCURSO

¿Cómo presentará el mensaje y el material? Existen muchas posibilidades: recorriendo la tarima o sala, permaneciendo en su sitio, recurriendo a notas, leyendo un guión (no es aconsejable), con un carácter formal o informal, interactivo o magistral... Escoja la opción que mejor se ajuste a su personalidad y preferencias, pero sobre todo a las de su auditorio. Infórmese tanto como pueda acerca de los gustos y expectativas de su público. Mírele constantemente para comprobar el efecto de su discurso y realice los ajustes necesarios. Siempre que pueda, recurra a material audiovisual. Los vídeos, las transparencias y los proyectores consiguen un mensaje más eficaz que las palabras.

▼ PRESENTACIONES EFICACES

Siempre que pueda, emplee material audiovisual, pues constituye un excelente complemento. Pero mire a su auditorio y no a la pantalla o pizarra. Trate de incluir algún toque de humor a su presentación para ganarse a su auditorio y termine siempre con una frase contundente y definitiva.

DIFERENCIAS CULTURALES

A los estadounidenses les gusta pasearse mientras hablan y buscan la participación del auditorio. Los británicos prefieren utilizar una pizarra y material audiovisual. Un japonés sorprenderá a un auditorio europeo o americano por el tono divertido e informal de sus presentaciones. Los alemanes también hacen gala de humor en sus discursos, humor más comprensible para un público alemán que para cualquier otro. Los discursos de los franceses suelen ser muy fluidos, incluso cuando los hacen en inglés.

SEA MÁS EFICIENTE

Dispone de varias herramientas y técnicas para mejorar su rendimiento. Con un poco de habilidad, conseguirá explotar todo su talento.

FOMENTE LA CREATIVIDAD

Muchos piensan que la creatividad pertenece a unos pocos privilegiados que poseen ese talento. Se equivocan. Todo el mundo tiene potencial creativo y puede aprender a usarlo. Si se muestra receptivo y cambia su punto de vista generará ideas.

56 Trate de que todos tengan ideas y las expresen sin temor.

TENGA INVENTIVA

Muchas empresas caen en la trampa de creer que los métodos de toda la vida no se pueden mejorar e incluso se quedan atrás al querer siempre imitar al líder de su sector. La gente también suele dar continuidad a lo que ha funcionado bien en el pasado e intenta seguir los pasos de aquellos que han tenido éxito. Sin embargo, para ser creativo debe cambiar de planteamiento. Pregúntese qué pasaría si diera la vuelta a los métodos actuales e intente encontrar algo que nunca se ha hecho. Mucha gente le dirá: «Si fuese una buena idea, alguien ya la habría puesto en práctica». Tómelo como un estímulo para continuar investigando.

57 Busque ideas innovadoras que sirvan para mejorar la situación actual.

CAMBIE DE PLANTEAMIENTO

Al definir sus estrategias personales y empresariales no se limite a imitar a la competencia. Quizá le ayude saber que desde los tiempos de la antigua Grecia hasta la Segunda Guerra Mundial, entre todas las guerras importantes y las numerosas campañas militares, únicamente seis victorias decisivas se han conseguido mediante un ataque frontal. El resto se consiguió gracias a ataques por los flancos que sorprendieron al enemigo. Tenga en cuenta esta lección histórica y busque ideas que marquen la diferencia. De este modo, obtendrá una ventaja decisiva sobre la competencia sin los grandes esfuerzos que requiere enfrentarse a ella directamente. Esta estrategia ha permitido que ejércitos reducidos derrotaran a potencias militares que les triplicaban en número.

RECUERDE

- Las ideas convencionales no deben descartarse por el mero hecho de ser convencionales.
- Las nuevas ideas son tan válidas como las demás, pero nunca deben aplicarse por el mero hecho de ser nuevas.
- Muchas ideas que de entrada parecen ridículas pueden, a la hora de la verdad, proporcionar soluciones interesantes.
- Nunca debe descartarse una idea sin haberla examinado, ya que eso desanima al personal y frena su creatividad.
- La desorganización ayuda a generar ideas; la organización es esencial para poderlas desarrollar.

ENCUENTRE IDEAS

Puede encontrar ideas en cualquier sitio, incluso en otros países, empresas, o industrias. Si las quiere descubrir, deberá saber aprovechar la lectura y su capacidad de observación para luego satisfacer sus ansias creativas experimentando. Si descubre un nuevo método o producto, debería someterlo a un período de prueba o lanzarlo en un mercado experimental para estar seguro de su viabilidad antes de comprometerse. También es muy útil «robar» ideas, y no únicamente para copiarlas, sino para adaptarlas. Leyendo y observando quizá encuentre una idea eficaz para un contexto completamente distinto.

Recorte información interesante y recurra a ella cuando le falte inspiración.

◀ **COLECCIONE RECORTES**
Las revistas, libros y periódicos son una fuente inagotable de inspiración. Hojéelos y conserve cualquier información de interés de modo que pueda crear su propia biblioteca de ideas.

APROVECHE EL TIEMPO

El tiempo es su más valiosa posesión, y su manera de aprovecharlo influirá decisivamente en su rendimiento. Si hace un análisis de cómo emplea su tiempo podrá empezar a introducir cambios que le permitirán sacar el máximo partido a su jornada laboral.

58 Compruebe si ha aprovechado bien el tiempo al cabo de la jornada.

59 Anote sus actividades siguiendo un orden de urgencia.

ANALICE CÓMO EMPLEA EL TIEMPO

Aunque quizá crea que invierte la mayor parte de su tiempo en actividades útiles, si llevara un diario detallado de cada jornada, se sorprendería de la cantidad de tareas poco importantes que realiza. Es fácil que pierda tiempo en tareas rutinarias, como leer el correo, cuando lo podría dedicar a actividades relevantes y productivas. ¿Establece prioridades en su trabajo? ¿O realiza primero las tareas que le son más amenas?

ORGANICE SU JORNADA

La mayor parte de sus actividades puede dividirse en tres grupos: las tareas rutinarias (por ejemplo, escribir un informe), las ocasionales (por ejemplo, organizar una reunión) y las de planificación y desarrollo (por ejemplo, establecer nuevos contactos). Para aumentar su rendimiento laboral, debería dedicar cerca del 60% de su tiempo a las tareas más importantes del Grupo 3, el 25% a las del Grupo 2 y sólo el 15% a las del grupo 1. Si, como ocurre con la mayoría de gente, usted organiza su tiempo aplicando criterios totalmente opuestos, trate de reorganizar su jornada laboral para poder desempeñar su trabajo con mayor coherencia y eficacia, y mejorar así sus resultados.

PREGUNTAS QUE DEBE HACERSE

- **P** ¿Dedico el tiempo y los recursos suficientes a la definición de una estrategia y al control general?
- **P** ¿Mi mesa está saturada de tareas por terminar?
- **P** ¿Destino suficiente tiempo a la creatividad e innovación?
- **P** ¿Delego en mi equipo las tareas rutinarias pero necesarias?
- **P** ¿Destino suficiente tiempo a establecer nuevos contactos?
- **P** ¿Dedico excesivo tiempo a las reuniones?

DELEGUE PARTE DE SU TRABAJO

Al delegar parte de su trabajo a los demás, dispondrá de más tiempo para desempeñar con éxito las funciones más importantes de su cargo. Divida sus actividades en tres grupos: las que no son en absoluto necesarias, y que puede realizar cualquiera; las que podría y debería delegar; y las que debe desempeñar porque no las puede delegar. Recurra a este análisis para eliminar cualquier actividad innecesaria, delegar la mayoría de funciones y concentrarse en aquellas que sólo usted puede realizar.

APROVECHE EL TIEMPO
Aproveche al máximo los largos viajes, redactando un informe, consultando un documento o leyendo un libro o artículo. Los ordenadores portátiles aprovechan ese tiempo perdido.

NO PIERDA EL TIEMPO

Los largos períodos ociosos que uno pasa en los viajes o esperando para alguna reunión constituyen pérdidas de tiempo. Si tiene un largo trayecto en coche hasta el trabajo, ¿por qué no aprovecha para escuchar material grabado? Si va al trabajo en tren, aproveche el trayecto para leer o planificar su jornada laboral. Gracias a los avances en las comunicaciones, podemos estar en contacto con la oficina o hablar con los compañeros de trabajo desde cualquier lugar del mundo.

SEA MÁS PRODUCTIVO

Una planificación eficaz de su jornada laboral debería permitirle ser el máximo de productivo dentro de los límites impuestos por el tiempo. Busque fórmulas para juzgar su rendimiento personal, fíjese metas más ambiciosas y mejore ese rendimiento.

60 Tenga por seguro que todo cuanto hace puede realizarse mejor.

CALCULE LA PRODUCTIVIDAD

Dispone de muchos métodos para calcular la productividad y la eficacia. ¿Cuánto tarda en contestar al teléfono? ¿Es usted puntual? ¿Ordena su mesa cada noche? Una vez haya definido un plan de trabajo, observe su aplicación para ver si puede eliminar o acelerar alguna de sus etapas. La gente suele desarrollar hábitos de trabajo sin plantearse su eficacia. Si cambiar esos hábitos mejora su productividad, hágalo.

61 Trate de que sus compañeros le ayuden a continuar mejorando.

El director entrega un informe, convencido de su calidad.

CONTROLE LOS NIVELES DE CALIDAD

La calidad es esencial. Una alta productividad con un nivel bajo de exigencia no resulta rentable. Por ejemplo, responder rápidamente a las cartas es mucho menos eficaz si las cartas están mal redactadas, son poco claras o imprecisas. Debe aplicar este mismo principio obvio a todo su trabajo. Antes de empezar una tarea, decida cuál es el mejor modo de afrontarla y cuáles son sus objetivos. Una opción inteligente sería dejar los problemas a un lado, en vez de posponer todo el proyecto, y volver luego a los aspectos difíciles.

◀ **HAGA CUANTO PUEDA**
Antes de entregar un trabajo, asegúrese de que le satisface plenamente. Sea su crítico más severo, y dedique el tiempo necesario al repaso y la revisión de sus trabajos.

INTRODUZCA MEJORAS

Una forma sencilla de mejorar su productividad consiste en concentrarse en las actividades que controla directamente, dejando a un lado aquellas que están fuera de su control. Márquese objetivos de productividad más ambiciosos. Por ejemplo, si suele llegar tarde a las reuniones, esfuércese en ser siempre puntual. Estructure su jornada laboral según su nivel de productividad. Es decir: si sabe que su energía decae a media tarde, realizar una tarea larga y complicada a esa hora no sería una decisión inteligente. Llevar a cabo esa tarea tan complicada de buena mañana resultaría mucho más provechoso.

PREGUNTAS QUE DEBE HACERSE

P ¿De qué medidas dispongo para valorar mi rendimiento?

P ¿Me he marcado objetivos para mejorar?

P ¿Estoy rindiendo al máximo a costa de invertir demasiado tiempo y esfuerzos?

P ¿Tengo mi mesa y mis papeles bien ordenados?

P ¿Estoy seguro de que la mejora de mi rendimiento ofrece resultados visibles?

62 Consiga que su personal haga de la calidad su objetivo.

▼ AUMENTE SU PRODUCTIVIDAD

Una mesa limpia y bien ordenada y la capacidad de centrarse en el trabajo que tiene entre manos son síntomas de un alto nivel de productividad. Repase sus trabajos con regularidad y fíjese nuevos objetivos para asegurarse de que su rendimiento no decrece..

ESTABLEZCA PRIORIDADES

Para una gestión eficaz de su tiempo, y como no puede asumir todas las tareas que llegan a sus manos, deberá adaptar su trabajo a distintas prioridades. Anteponga el desarrollo de sus habilidades para un determinado sector o especialidad.

63 Las tareas que pueden esperar, al archivo; y luego, a la basura.

64 Termine su tarea actual antes de empezar otra.

DETERMINE LA IMPORTANCIA

Sus tareas se pueden clasificar en cuatro categorías: las muy importantes, las importantes, las útiles y las poco importantes. Según los plazos se dividen en: urgentes (debe realizarlas lo antes posible), bastante urgentes (debe realizarlas pronto), no urgentes (pueden esperar cierto tiempo) y opcionales (no existe plazo alguno). Las categorías y los plazos determinan lo que debe colocar al final del montón y lo que ha de ir al principio. Calcule el tiempo que necesitará para desempeñar cada tarea y planifique a continuación su agenda diaria y semanal.

COMPARE SUS PRIORIDADES ▼
Estudie detenidamente su lista de prioridades. Un buen criterio consiste en anteponer el futuro al pasado y realizar en primer lugar los trabajos difíciles.

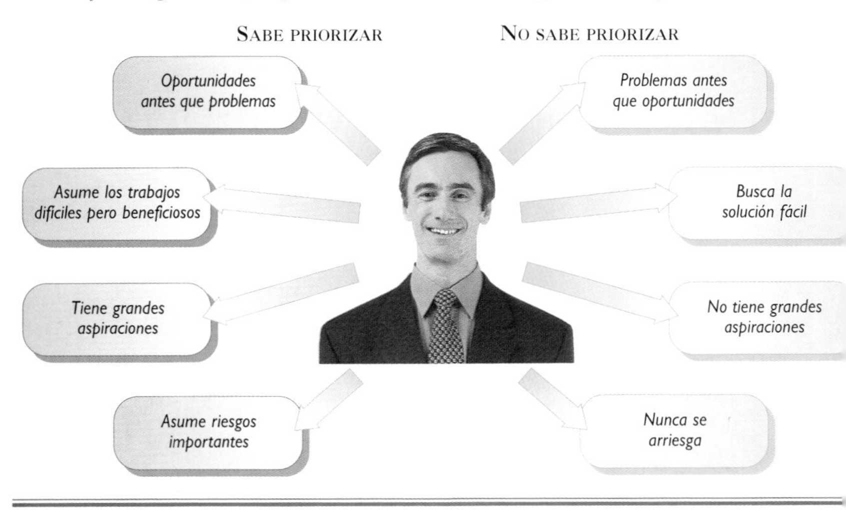

CUMPLA LOS PLAZOS

Evite los hábitos de la mayoría de periodistas quienes, cuando su trabajo se rige por plazos de entrega, suelen dejarlo todo para el último momento. Siempre que fije o acepte un plazo, asegúrese de su absoluta necesidad. Una vez haya acordado una fecha, debe convertir su cumplimiento en una auténtica prioridad. Cuando conozca el plazo para finalizar un proyecto, averigüe qué tareas implica y el tiempo necesario para realizarlas. Siempre que pueda, concédase cierto margen por si se produjera algún retraso imprevisto. Es probable que, con posterioridad, agradezca haber sido previsor, pero si fallara todo lo demás, esté preparado para pedir una prórroga. Evite proporcionar sorpresas de última hora.

◀ **EVITE LAS PRISAS DE ÚLTIMA HORA**
Establezca plazos intermedios que le ayuden a cumplir el plazo final. De este modo podrá alcanzar progresivamente su objetivo, en vez de terminar el trabajo con prisas y en el último momento.

ESCOJA UNA ESPECIALIDAD

Saber elegir bien las prioridades es básico para ciertas facetas de su rendimiento personal. Tener habilidades generales abre un gran número de puertas, pero también es útil centrarse en una faceta concreta para convertirse en un experto. En primer lugar, le permite destacar entre los demás como la persona que lo sabe todo acerca de ese asunto. Esta especialización puede facilitarle una función clave en proyectos importantes. En segundo lugar, dominar un tema en profundidad y poseer plena responsabilidad en su sector reforzará su confianza. No elija una especialización que no tenga demasiada, o ninguna, aplicación práctica. En su lugar, opte por una faceta que sea esencial para los negocios de la empresa, como el estudio de mercado, por ejemplo.

65 Oblíguese a terminar los trabajos en el plazo acordado.

66 Gánese el respeto ante todo por su competencia.

CÓMO MANEJAR EL DINERO

Saber manejar el dinero es esencial para cualquier director. Muchos no poseen un talento innato para la contabilidad, pero dominarla no es difícil. La clave consiste en trabajar constantemente con números.

67 Aproveche la gestión de sus finanzas si es hábil con los números.

68 Exponga sus planes con palabras antes que con números.

APRENDA CONTABILIDAD

Para dominar las aptitudes numéricas básicas, deberá leer algún libro o seguir algún curso. Una vez tenga claros los principios básicos, no existe aprendizaje mejor que preparar presupuestos, definir los planes comerciales, realizar estados de cuentas o estudiar informes financieros. Aunque al principio será un trabajo lento y pesado, con la práctica mejorará y ganará en rapidez. No se complique la vida. La idea de cuanto más simple mejor es un excelente principio para la gestión financiera.

LAS APTITUDES MATEMÁTICAS CLAVE
Este director posee muchas aptitudes que le facilitan su trabajo, pues le confieren pleno conocimiento de las consecuencias y necesidades financieras.

ENTIENDA LOS MOVIMIENTOS DE CAJA

Puede caer en bancarrota y seguir generando beneficios. La clave está en los movimientos de caja. Si hace efectivo el pago de facturas y salarios antes de que los clientes le hayan abonado sus deudas, la empresa perderá dinero líquido. Acelere la entrada de dinero, de modo que se ajuste a los pagos de la empresa, y aproveche los saldos de caja en inversiones que reporten beneficios. Cuando analice las posibilidades de obtener beneficios, calcule su influencia en los movimientos de caja o podría emprender más negocios de los que puede financiar.

69 Haga que alguien repase siempre sus cálculos.

70 Si no consigue asimilar un concepto, admítalo.

PREGUNTAS QUE DEBE HACERSE

- **P** ¿Hay algún aspecto financiero que no entienda?
- **P** ¿Tengo intención de aprender sobre esos asuntos?
- **P** ¿Puedo predecir los resultados con la confianza de que se cumplirán?
- **P** ¿Conozco con precisión el rendimiento de mi equipo al término de cada período?

SEPA LLEVAR LAS CUENTAS

Todo director debería estar al corriente de los principios contables por partida doble, los estados de cuentas y los balances. De todos modos, ceda a un contable profesional la aplicación de dichos principios. Como director, debe estar al corriente de las cuentas de dirección, que intentan traducir en términos financieros la situación actual de la empresa. Un cursillo le mostrará la relación existente entre ingresos, costes directos y contribuciones. Una vez la conozca, trate de aumentar los ingresos al mismo tiempo que reduce los costes. Esta fórmula, que parece muy sencilla, ofrece muy buenos resultados.

DEFINA PLANES COMERCIALES EFICACES

Empiece su plan poniendo por escrito, en palabras mejor que en números, sus expectativas en cuanto a beneficios. Utilice una hoja de cálculo para calcular los resultados que se conseguirán si se alcanzan los objetivos. Sea lo más realista posible y asegúrese de no introducir cantidades extravagantes, pues no impresionarán a los lectores. Anote todas sus suposiciones, así como los posibles errores. Por último, debería incluir un análisis razonable del coste de las oportunidades perdidas.

REDUZCA EL ESTRÉS

El estrés en sí no es malo, pero puede afectar gravemente a la gente que no lo sabe asumir. Para ser un director más eficiente, debe conocer sus limitaciones y tomar medidas para reducir el estrés cuando amenace con perjudicar su rendimiento.

71 Trabaje de modo más eficaz, en lugar de hacerlo más horas.

Este director estresado no consigue concentrarse en la tarea que tiene entre manos.

RECONOZCA LOS SÍNTOMAS

Cada persona reacciona de modo distinto ante el estrés, que puede revelarse con distintos síntomas físicos como las enfermedades cutáneas o los problemas digestivos. Quizá se sienta irritable o agotado. El trabajo puede convertirse en una obsesión y los problemas de los nervios pueden derivar en estados de depresión y ansiedad o en otros trastornos psicológicos.

◀ **SUPERE EL ESTRÉS**
Combata el estrés con una actitud positiva: busque el apoyo de sus superiores, amigos íntimos y compañeros, y organícese.

ANALICE SU PERSONALIDAD

Algunas investigaciones han demostrado que hay personas más propensas a sufrir estrés y otros trastornos derivados, como los coronarios. Si usted es ambicioso, extremamente competitivo, de mente ágil, con facilidad de palabra y acción, responsable, impaciente y siempre le falta tiempo, probablemente posea una personalidad del Tipo A: proclive al estrés. Si usted es una persona más bien tranquila, será menos propensa al estrés y, por lo tanto, su personalidad será del Tipo B. Además, los directores del Tipo A suelen ser personas nerviosas y egoístas que pierden el control y se irritan fácilmente.

72 Comente sus problemas con alguien comprensivo.

73 Elimine su ansiedad haciendo una lista de lo que le pueda deparar el futuro.

IDENTIFIQUE SU TIPO DE PERSONALIDAD

Lea las siguientes preguntas. Cuantas más responda afirmativamente, más posibilidades tendrá de poseer una personalidad del Tipo A. Puede reducir los niveles de estrés adoptando la actitud opuesta, es decir, la del Tipo B. Por ejemplo, si suele caminar y comer con rapidez, fuércese a tomárselo con calma.

- ¿Se siente continuamente presionado por sus obligaciones?
- ¿Va a menudo contrarreloj?
- ¿Va siempre con prisas?
- ¿Toma decisiones apresuradamente?
- ¿Se pone nervioso e impaciente cuando no tiene nada que hacer?
- ¿Habla deprisa?
- ¿Es siempre puntual?
- ¿Piensa y hace varias cosas a la vez?
- ¿Se mueve, camina y come deprisa?
- ¿Suele impacientarse?
- ¿Se considera una persona muy ambiciosa?
- ¿Cuando mantiene una conversación, no deja de moverse, tensa los músculos de la cara, aprieta los puños, se atropella al hablar o no consigue sentirse relajado?

DOMINE LA ANSIEDAD

Tener ansiedad es una experiencia desagradable y puede responder a un motivo perfectamente razonable, por ejemplo una fusión o una reorganización que amenace su puesto de trabajo o sus actuales atribuciones dentro de la empresa. Verse amenazado provoca ansiedad. Debe preguntarse: ¿qué puedo hacer para eliminar la amenaza? En los casos expuestos, es evidente que prácticamente nada. Sin embargo, debe intentar serenarse. Nunca escuche los rumores y sea optimista. Al fin y al cabo, la amenaza quizá no llegue a concretarse, en cuyo caso habrá pasado un mal rato por nada. Sea cual sea el motivo de su ansiedad, debe identificarlo antes de desarrollar un plan para eliminar ese motivo o, de no ser posible, prepararse para hacer frente a la situación.

74 **Analice las razones que le impiden actuar y afróntelas. Luego, fíjese una fecha para intervenir.**

SUPERE LAS DIFICULTADES

Es fácil dejar aparcado un tema, pero esta costumbre puede aumentar su estrés por dos motivos. En primer lugar, quizá se sienta culpable por dejar el trabajo a medias. En segundo lugar, provocará que en el futuro la menor disponibilidad de tiempo aumente la presión. Posponer el momento de decidir o de actuar es un síntoma de estrés. Por ejemplo, una decisión implicará un riesgo o consecuencia necesaria y desagradable, como despedir a alguien. Su reacción ante estas formas de presión podría ser aplazar la hora maldita pero esa decisión no le ayudará a superar el estrés.

APROVECHE EL LADO POSITIVO DEL ESTRÉS

Una crisis puede surgir de la nada, o gestarse durante meses. Puede afectar a todo el personal de la empresa o sólo a casos particulares. En cualquier caso, lo importante es no caer en la desesperación. De hecho, puede utilizar el estrés en su provecho. Al aumentar los niveles de adrenalina, aprovechará la energía extra del estrés para resolver con éxito esta contingencia. Analice si hay algo que pueda hacer y si la crisis tiene solución. Concentre todos sus esfuerzos en recuperarse de la crisis. De este modo, conseguirá aprovechar el lado positivo del estrés rindiendo a buen nivel bajo presión.

75 Exhiba una actitud positiva ante los retos.

76 Encuentre unas técnicas de relajación adecuadas.

▼ RESUELVA CONFLICTOS

En una situación de conflicto es esencial que controle su nivel de estrés. Cuanto más alto sea ese nivel, menos control de la discusión tendrá. Respire más lentamente, serene la situación y concéntrese en su objetivo.

Una empleada enfadada se dirige a un director con estrés.

El director controla su estrés y resuelve el desacuerdo con su empleada.

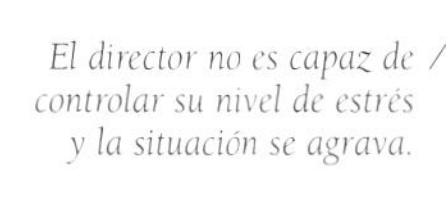

El director no es capaz de controlar su nivel de estrés y la situación se agrava.

APRENDA A RELAJARSE

Cuanto mejor descanse, mejor utilizará sus energías. Aunque aprovechar los momentos de descanso a lo largo del día constituye uno de los mejores métodos para controlar el estrés, poca gente sabe sacarles partido. Busque un momento durante el día para olvidarse de las emociones externas y estresantes. Dispone de muchas técnicas para conseguirlo, desde respirar profundamente hasta practicar yoga. Todas se basan en centrar la mente en pensamientos no estresantes y en lograr dominar las emociones y el cuerpo mediante el autocontrol. Véanse ejercicios de relajación en la fotografía de la derecha.

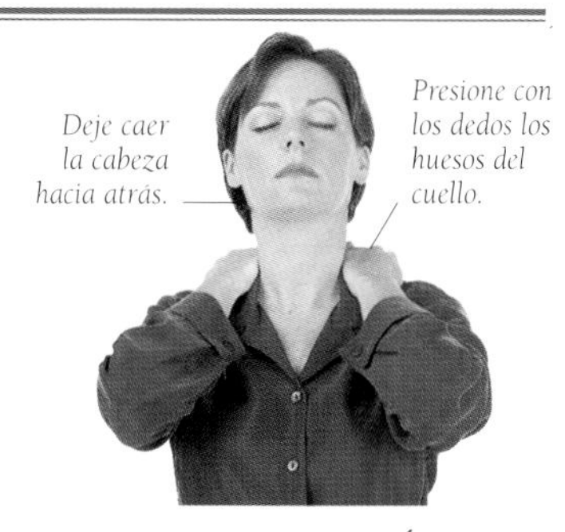

▲ **LIBERE LA TENSIÓN**
Ponga las manos sobre los hombros, expire, deje caer la cabeza hacia atrás y presione lentamente con los dedos los huesos del cuello. Repita la operación varias veces.

HAGA EJERCICIOS DE RELAJACIÓN EN CASA

La relajación es una técnica fácil de dominar. Busque un hueco en su agenda diaria para poder dedicar unos instantes a realizar unos ejercicios de relajación. Escoja un sitio tranquilo de la casa, coloque una alfombra o una colchoneta en el suelo con una almohada, túmbese y empiece los ejercicios.

1. Después de realizar unos estiramientos, siéntese o túmbese en una posición cómoda y cierre los ojos.
2. Concentre su atención interior en una imagen o punto fijo: pruebe con un punto encima y otro entre las cejas.
3. Relaje completamente cada uno de sus músculos. Empiece por el pie y siga por las piernas, el abdomen, el pecho, los hombros, el cuello y la cara; destense los músculos de la mandíbula.
4. Concéntrese en respirar profundamente por la nariz y de forma natural, y repita en voz baja la palabra «uno» (o la que prefiera) con cada expiración.
5. Relájese completamente.
6. Si la música le ayuda, póngala muy suave. Trate de imaginar que está en un lugar de clima cálido y que su cuerpo se calienta y vuelve cada vez más pesado.
7. Siga así durante 10 o 20 minutos; si se duerme o empieza a dormitar, no se preocupe: también se estará relajando.

RELAJE EL CUERPO ▶
Túmbese en una posición cómoda, recostando la cabeza sobre un cojín o almohada, y relaje todo el cuerpo.

VALORE SUS PROGRESOS

Realizar una valoración periódica y precisa de sus progresos es esencial para mejorar su eficiencia. Necesitará encontrar hechos y métodos para calcular eficazmente su nivel de productividad y poder fijar nuevas ambiciones que mejoren su rendimiento en el futuro.

77 Acuérdese de comprobar todos los «hechos» para mayor exactitud.

▲ CALCULE SU RENDIMIENTO

Los objetivos comprobables le ayudan a determinar su rendimiento. Por ejemplo, si se fija como objetivo responder al teléfono antes de que suene por quinta vez, resultará sencillo verificar si lo cumple.

BUSQUE HECHOS

¿Cómo podrá saber si ha logrado desempeñar con éxito una determinada actividad? Deducirlo a partir de su grado de satisfacción no es el método más adecuado. Resulta mucho mejor afrontar una actividad con una mentalidad inteligente. Para ello, deberá encontrar actividades clave que le permitar fijar y calcular su nivel de rendimiento. Por ejemplo, un objetivo de su lista podría ser acudir puntualmente a las reuniones con un nivel de exigencia del 100%. Al fijarse unos objetivos comprobables, tendrá una aspiración concreta cuya realización nadie puede discutir. Explique a sus compañeros sus objetivos y así le avisarán cuando no los alcance.

78 Aunque se fije un nivel alto de exigencia, asegúrese de respetarlo.

QUÉ DEBE Y QUÉ NO DEBE HACER

- ✔ Sea severo cuando juzgue su rendimiento.
- ✔ Tenga claro lo que quiere conseguir y por qué.
- ✔ Comparta el mérito del éxito.
- ✔ Admita sus fracasos.
- ✘ No se felicite por lo que hicieron otros.
- ✘ No se deje llevar por el éxito.
- ✘ No sea presuntuoso.
- ✘ No deje que las comparaciones con el pasado le confundan.

ANALICE LOS ÉXITOS

El éxito puede ser un enemigo. Si ha gozado de una época de gran prosperidad y está muy por delante de sus competidores, puede caer en la tentación de contar su dinero, acomodarse y dormirse en los laureles. En ese momento, la relajación empieza a hacer mella. Debe analizar el éxito tan a conciencia como el fracaso. ¿Qué circunstancias fuera de su control han contribuido a tan excelentes resultados? Al margen de permitir que se dieran dichas circunstancias, ¿qué hizo usted bien? ¿Qué podría haber hecho mejor, con lo que hubiera obtenido incluso mejores resultados? Y lo más importante, ¿qué hará para que se repita el éxito? El objetivo es que ese éxito le sirva de plataforma para seguir progresando. Ahora debe preocuparse por sus nuevos objetivos.

EVALÚE SU RENDIMIENTO

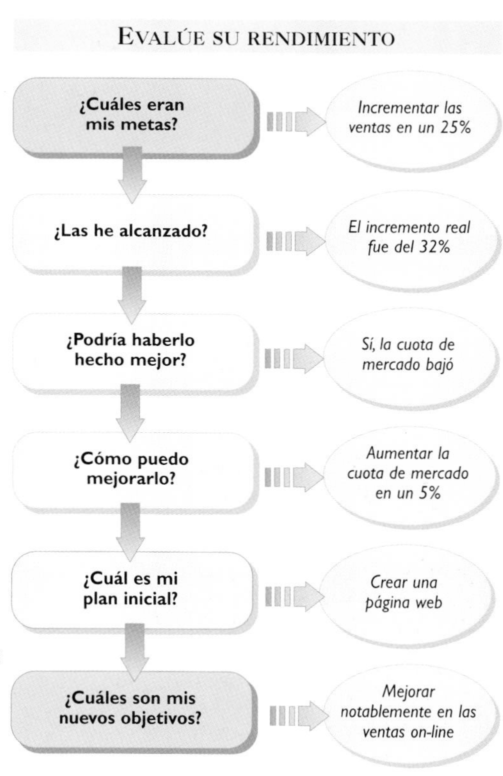

USE UN MÉTODO COMPARATIVO

La comparación de una serie de resultados con otra es la base de la contabilidad empresarial, aunque esas comparaciones pueden ser engañosas. Si el crecimiento del volumen de ventas cae de un 20% a un 5% y después se recupera hasta un 15%, esta última cifra triplica el resultado del año anterior, pero está un cuarto por debajo del índice de dos años atrás. Antes de aceptar los resultados actuales, compruebe que la base para la comparación no sobrevalora ni subestima. Al final de cada trimestre, compare los últimos doce meses con los doce anteriores.

79 Analice la información: sabrá la situación exacta de la empresa.

ALCANCE EL ÉXITO

Su éxito dependerá de su habilidad para evolucionar en su carrera profesional. Aproveche todas las oportunidades para progresar y consiga el apoyo de los demás para seguir mejorando.

REEXAMINE SUS OBJETIVOS

Analizar objetiva y metódicamente sus objetivos es esencial para poder cumplir sus ambiciones. La situación es susceptible de cambiar en cualquier momento, por lo que debe estar siempre preparado para reexaminar y adaptar sus ideas siempre que haga falta.

80 Examine a fondo todas las preguntas antes de dar una respuesta.

81 Compruebe si cualquier objeción tiene fundamento.

82 Su personal debe aplicar análisis justos.

PREGUNTE

Cuando evalúe sus futuros objetivos, analícelos siempre detenidamente. Nunca dé nada por sentado. Dicho de otro modo, formule todas las preguntas necesarias para estar convencido, en la medida de lo posible, de conocer toda la verdad. La frase básica de su vocabulario ha de ser: «¿Por qué?». Asimismo, necesitará otras preguntas directas como: «¿Qué?», «¿Cómo?», «¿Quién?» y «¿Cuándo?». Las preguntas analíticas del tipo: «¿Por qué?» conducen a: «¿Qué se puede hacer?, ¿Cómo se puede conseguir?, ¿Quién lo llevará a cabo?, ¿Cuándo se pondrá en práctica?». En cada una de las etapas irán surgiendo más preguntas.

SAQUE PARTIDO A LAS RESPUESTAS

La frase «parálisis por el análisis» se aplica a las empresas que se pasan meses enteros haciendo números y elaborando informes que, al final, no utilizan para nada. Una vez tenga claros sus propósitos, si tiene problemas para pasar a la acción, pregúntese el porqué. Quizá el esfuerzo necesario le impide actuar. O quizá le preocupe que una vez dado el primer paso sea difícil, o incluso imposible, dar marcha atrás. El temor a equivocarse, con las desastrosas consecuencias que comportaría, puede paralizarle. Trate de cubrirse las espaldas ante un eventual fracaso para que, si se cumplen las peores expectativas, la situación sea aceptable.

83 Opte por actuar cuanto antes mejor.

84 Fije un tiempo máximo para una discusión, pero sea flexible.

ACTÚE

Cuando se decida a actuar para alcanzar sus objetivos, tiene dos opciones. Una consiste en seguir el camino escogido al margen de los acontecimientos. La otra en observar todos los resultados y readaptar su plan, incluso de forma radical, para aumentar sus posibilidades de éxito. Aunque a veces la primera opción funciona, también puede conducir al fracaso. La segunda opción conlleva su riesgo. La estrategia correcta consiste en combinar elementos de ambas opciones. Siempre que el objetivo sea posible, concentre todos sus esfuerzos en alcanzarlo.

El director modifica sus objetivos después de escuchar los comentarios.

Una miembro del equipo apoya el punto de vista de su compañera.

La compañera revela un aspecto importante.

VAYA POR OTRO LADO ▶

Escuche las opiniones de sus socios. Quizá aprenda algo que le impulse a readaptar sus acciones y aumente sus posibilidades de éxito.

ENCUENTRE UN MENTOR

Todo el mundo puede pensar en alguien que ha ejercido una gran influencia en su vida personal y profesional. Aprender de los mentores, con mayores y más variadas experiencias, resulta básico para mejorar el rendimiento y poder alcanzar el éxito.

85 Mantenga el contacto con la gente que le dé buenos consejos.

APRENDA DE LOS DEMÁS

Su mentor puede ser un progenitor, un profesor de escuela o universidad, un jefe o un amigo íntimo. El principio siempre es el mismo. Su rendimiento mejorar si sabe escuchar a las mentes eruditas para aprender. Encontrará a sus mentores en el pasado; de hecho, muchos empresarios que han triunfado aprovecharon ideas de personalidades muertas del mundo de los negocios. De todos modos, inspirarse en personas del pasado nunca será tan útil como seguir los consejos de alguien vivo, que puede escuchar sus problemas y expectativas y adaptarse a las circunstancias.

86 Aprenda de los libros de grandes empresarios.

VALORE LAS CUALIDADES DE UN MENTOR

Debería buscar en su mentor una serie de cualidades. Él o ella escuchará sus problemas y expectativas y le aconsejará, por lo que resulta esencial tenerle confianza.

ENCUENTRE ALIADOS

Elegir un buen mentor es un paso importante para optimizar su rendimiento. Él o ella no tiene que ser un colaborador o superior. Podría tratarse de un subordinado o de un compañero en otro nivel de la empresa. Su función básica debe ser aportarle las aptitudes y recursos de que usted carece. En su carrera profesional, quizá poseerá muchos mentores o sólo uno que le acompañará a lo largo de toda la travesía o buena parte de ella. Debe buscar un aliado adecuado, con el que sienta que puede trabajar codo con codo.

ELIJA UN MENTOR ▶
Necesita trabajar codo con codo con alguien que conozca su carácter y debilidades y a quien pueda acudir en busca de un consejo objetivo.

RECURRA A SU JEFE

Un buen jefe es un excelente mentor, cuyo ejemplo y orientación pueden guiarle a lo largo de toda su vida profesional. Incluso un líder competente que no dedica tiempo a la formación de sus empleados será una buena fuente de información e inspiración. Fíjese en su ejemplo y adopte lo mejor de él/ella. Gran parte de sus enseñanzas guardarán relación con el estilo y el instinto, pero estas habilidades marcarán la diferencia. Recurra a su jefe no sólo para escuchar «sermones y batallas» (que otras personas experimentadas pueden contarle), sino también como una sólida base.

87 Busque al compañero adecuado para mejorar.

88 No le dé vergüenza pedir ayuda a los demás.

ESTABLEZCA CONTACTOS

Con suma frecuencia, su éxito o fracaso no depende de lo que conoce sino de a quién conoce. Su agenda de teléfonos, una de las herramientas más valiosas de que dispone, cobrará importancia con el paso del tiempo.

89 Intente hacer amigos en otras empresas.

90 Reúnase a menudo con sus contactos: charle con ellos.

91 Combine los cara a cara con los contactos telefónicos.

LLEVE UNA LISTA

Un profesional competente apunta los nombres de todos los contactos útiles y actualiza periódicamente esos nombres. Guarde la lista en su ordenador o en una agenda, aunque actualizar la información y recuperarla resulta mucho más sencillo mediante los programas informáticos. Recuperar los datos es importante, pues perder la agenda o el archivo sin haberlo grabado acarrea desastrosas consecuencias. Anote los nombres de referencia, actividades y sector de especialidad de sus contactos.

RECUERDE SUS CONTACTOS

Tener un buen contacto y nunca utilizarlo hace que pierda su valor. Intente memorizar el nombre de cada nuevo contacto. Obtenga todos sus datos y archívelos (los programas informáticos son ideales). Tómese en serio todos los contactos. Nunca se sabe cuándo o en qué valiosa situación puede volver a encontrarse con una persona.

▲ **CONOCER A NUEVOS CONTACTOS**
Cuando le presenten a alguien, diga su nombre tantas veces como pueda durante la conversación para que le resulte más fácil recordarlo. Pídale una tarjeta de visita y pregúntele sobre su trabajo y dónde vive. Un nuevo contacto puede ser vital.

92 Trate siempre de ayudar a sus contactos.

La compañera devuelve el favor a la directora ayudándola a salir de una situación difícil.

La directora le recomienda su contacto a una compañera que necesita ayuda.

MANTENGA EL CONTACTO

Algunos de sus mejores contactos los encontrará en el trabajo, especialmente si trabaja en equipo. Los equipos pueden estar formados por gente de un mismo departamento o con funciones similares, personas de diferentes departamentos y con cometidos distintos o, incluso, por colaboradores externos de la empresa. Puede aprender muchas cosas de los demás miembros del equipo, tanto si es usted su líder como si es un simple miembro. Al trabajar codo con codo con los demás miembros llegará a conocer sus virtudes y defectos. Para que la relación sea satisfactoria y duradera, anteponga el éxito colectivo al personal. Si quiere ganarse su respeto, debe pedirles su opinión acerca de su aportación y tener en cuenta sus críticas constructivas. No tenga miedo de hablar claro.

93 Considere al equipo como un grupo de compañeros íntimos y no pierda el contacto con ellos en el futuro.

MANTENGA AL EQUIPO UNIDO ▶

Carlos sabía que, en conjunto, su equipo poseía muchas virtudes y que todavía podían conseguir grandes cosas. Gracias a los contactos que había hecho dentro del sector, consiguió que una nueva empresa contratara a todo el equipo en pleno. De este modo, el equipo y la nueva empresa salieron beneficiados y Carlos se distinguió como un líder de equipo muy eficiente.

ANÁLISIS DE UN CASO

Carlos tuvo la suerte de, al poco de iniciar su carrera profesional, encabezar un equipo de directores jóvenes y brillantes que formaban un grupo muy competente, especializado en el análisis estadístico de problemas difíciles. Un cambio en la dirección auguraba un futuro incierto para el equipo. Sus componentes estaban dispuestos a ir cada uno por su lado, pero Carlos se dio cuenta de que difícilmente volvería a encontrar un grupo tan extraordinario. Convenció a sus compañeros para venderse en pleno a otra empresa. La opción más interesante consistía en trabajar para un importante fabricante que se encontraba en serios apuros. Carlos consiguió que contratara al grupo entero y su ayuda fue inestimable para corregir el rumbo de la empresa. Posteriormente, Carlos y otros dos compañeros abandonaron el equipo para fundar su propia empresa en otro sector en alza y acumularon una gran fortuna.

ASUMA EL MANDO

Cuanto más pueda demostrar y poner en práctica sus habilidades de liderazgo, mayores posibilidades tendrá de triunfar. Tome la iniciativa y aproveche cualquier oportunidad para desarrollar sus aptitudes de liderazgo. Su experiencia le será de gran utilidad en el futuro.

94 Elija el momento apropiado para asumir el mando y ser decisivo.

95 Consiga que la gente le siga cuando asuma el mando.

96 No acepte una función si no la desempeña con éxito.

BUSQUE OPORTUNIDADES

No debe esperar a que le nombren líder para asumir este papel. Su oportunidad puede llegar cuando participa en un grupo de trabajo o cuando le encargan un determinado proyecto. Ambos casos le ofrecen la oportunidad de distinguirse proponiendo una nueva idea o asumiendo una postura firme como su principal defensor. Esté preparado para poner en práctica su propuesta.

▼ **TOME LA INICIATIVA**

Acostúmbrese a ofrecerse voluntario para asumir el mando o cualquier responsabilidad adicional, pues acumulará experiencias valiosísimas. Aquel o aquella que duda o no demuestra interés, nunca obtendrá nada.

La directora pide voluntarios para hacerse cargo de un proyecto.

Este ambicioso compañero se ofrece rápidamente.

Este compañero demuestra interés pero duda.

Esta empleada se aburre y no tiene interés.

HABLE CLARO

Si tiene una buena idea, confíe en su intuición y utilice su poder de convicción para conseguir que su plan tenga aceptación y llegue a buen puerto. El temor a «jugarse el cuello» impide el éxito de muchas carreras y empresas. Lo peor que puede pasarle es que rechacen su plan. Para tener más posibilidades de éxito, elija el momento adecuado para exponer sus propuestas y compruebe su eficacia con anterioridad mediante un análisis.

97 Nunca cambie de opinión para estar de acuerdo con la mayoría.

CONTEXTOS EN QUE PUEDE DESARROLLAR SUS APTITUDES DE LIDERAZGO

FORMAS DE ASUMIR EL MANDO	APTITUDES QUE PUEDE DESARROLLAR
ÚNASE A UN GRUPO DE TRABAJO Suelen crearse para solucionar problemas específicos.	• Permite adquirir mayor experiencia en la dirección de equipos y en el cumplimiento de plazos. • Requiere implicarse en un proyecto de principio a fin.
ÚNASE A UN PROYECTO DE EQUIPO Aglutinan diversos trabajadores para la realización de proyectos	• Por lo general, permite abarcar otras disciplinas y funciones. • Favorece el desarrollo de un mayor número de aptitudes personales.
SOLICITE UN ASCENSO Una solicitud de ascenso puede llevarle a liderar a otras personas.	• Le brinda la oportunidad de cambiar de aires en su trabajo. • Permite conocer una nueva función y ver cómo se desarrollan las actividades desde un nuevo punto de vista.
PROPONGA CAMBIOS Sugiera vías para mejorar tanto en el plano personal como en el colectivo.	• Cualquier iniciativa de cambio le da la oportunidad de proponer y encabezar proyectos específicos. • Requiere iniciativa y poder de persuasión.
LIDERE UNA UNIDAD DEL DEPARTAMENTO Genere beneficios.	• Le permite asumir el reto de cumplir sus propios objetivos. • Si los objetivos son los adecuados, le permite exhibir sus aptitudes de liderazgo.
EN UNA SITUACIÓN CRÍTICA Tome el mando ante cualquier emergencia.	• La presión elimina las barreras que le impedían demostrar su autoridad. • Fomenta la capacidad de intervenir con rapidez y decisión.

SEPA CONVENCER A LOS DEMÁS

Convencer a los demás para que acepten sus puntos de vista, ideas y planes de actuación es esencial para triunfar. No espere siempre imponer su opinión en una discusión, negociación o conflicto. Pero puede intentar llegar a un acuerdo razonable.

98 Deje clara su postura, pero tenga en cuenta las demás.

CONVENCIONES CULTURALES

Los japoneses suelen acudir a las negociaciones con grandes equipos y se retiran para deliberar en grupo. A los americanos les gusta contar con abogados durante la negociación y dedican especial atención a las obligaciones contractuales. Los alemanes otorgan gran valor a las relaciones comerciales.

CONVENZA A LA GENTE

El primer requisito para afrontar una discusión es creer en sus ideas. Debe presentarse con un plan perfectamente razonado y estudiado, basado en hechos concretos. Asimismo, y a pesar de que sentimientos como el entusiasmo son muy aconsejables durante cualquier discusión, debe evitar emocionarse hasta el punto de perder el control. Necesitará autocontrol para encaminar el debate hacia el objetivo que persigue. Si los demás se dejan llevar por las emociones, trate de tranquilizar la discusión. Nunca pierda de vista su objetivo, pero esté dispuesto a realizar concesiones cuando los hechos o la diplomacia lo exijan.

NEGOCIE PARA GANAR

Acuda a cualquier negociación con una idea precisa de cuál es el mejor resultado que desea obtener, de sus expectativas personales y de cuál es el peor resultado que estaría dispuesto a aceptar. Quizá vea que estas tres ideas cambian durante el transcurso de la reunión, si ésta se alarga. Sería aconsejable que la otra parte expusiera sus propuestas primero. Así, usted estará en disposición de aceptarlas o de aumentar sus exigencias. Si debe mover ficha, no rebaje sus pretensiones pensando en lo que la otra parte estará dispuesta a aceptar. Nunca rechace una propuesta en nombre de otras personas.

RECUERDE

- Prepárese a cambiar de táctica si es necesario para alcanzar un acuerdo.
- Considere a la otra parte como socios y no como enemigos a los que debe derrotar.
- Nunca haga ni diga algo imprudente, pues quizá vuelva a negociar con la otra parte en el futuro.
- Guárdese un as en la manga para, si llega el caso, poderlo poner sobre la mesa.

SEPA AFRONTAR DIFERENTES TIPOS DE NEGOCIACIÓN

TIPO DE NEGOCIACIÓN	CÓMO AFRONTARLA
RESOLUCIÓN DE CONFLICTOS Reunirse para acabar con los problemas.	• Intente ganarse la confianza de las dos partes en conflicto. • Empiece realizando una descripción de los hechos aceptada por ambas partes. • Impida que la discusión se acalore o que hayan insultos.
CIERRE DE UNA ASOCIACIÓN Establecer una colaboración laboral.	• Analice todos los aspectos importantes en los intercambios. • Recurra a acuerdos jurídicos si no hay alternativa. • Incluya cláusulas que permitan a cualquiera de las dos partes rescindir de forma justa el contrato.
FIRMA DE CONTRATOS Formalizar relaciones comerciales.	• No imponga compromisos demasiado exigentes. • Esté atento a las «trampas legales» que le puedan poner. • Asegúrese de que ambas partes negocian con buena voluntad.
DEFINICIÓN DE PRECIOS Cerrar un único trato global y no una sucesión de pagos.	• Si se encuentra en mejor situación, no abuse de ello. • Fije el precio más alto posible sin romper el trato. • Consiga un acuerdo que pueda beneficiar a ambas partes.
INCENTIVOS INDIVIDUALES Debatir la retribución de un empleado.	• Prepare la modalidad de incentivos anticipadamente. • Esté preparado a escuchar las comparaciones con el resto del personal y con otras empresas. • Prepárese para afrontar exigencias razonables.
NEGOCIACIONES COLECTIVAS Reunirse con los representantes de los trabajadores: debatir sueldos.	• Elimine cualquier animosidad. • Muéstrese firme pero comprensivo. • Los trabajadores suelen mostrar poco interés en los asuntos que no tienen relación con su retribución.

99 Suspenda las negociaciones si la discusión se acalora en exceso.

ACEPTE EL COMPROMISO

Si las dos propuestas están muy alejadas, negocie primero los aspectos sobre los que puedan llegar fácilmente a un acuerdo y ciérrelos antes de volver al asunto principal o guárdese estos acuerdos secundarios como un as en la manga. Venza la tentación de «derrotar» a la otra parte. El resultado ideal se produce cuando las dos partes están plenamente satisfechas por un acuerdo que beneficia sus intereses y que es el mejor que podrían haber alcanzado. Luche por ello.

PLANIFIQUE SU FUTURO

La gente que planifica su carrera suele ser más eficiente que la que deja su futuro al azar. Esta planificación comportará un cambio de empresa, una decisión que va ganando aceptación, como dejar el trabajo para iniciar una carrera como autónomo.

100 Márquese objetivos que sobrepasen sus expectativas, pues quizá los alcance.

MIRE AL FUTURO

Al igual que ocurre con los de las empresas, los resultados individuales suelen mejorar si existe una buena planificación. Por lo general, las planificaciones se hacen a un año vista. Si prepara un programa detallado de actividades para los próximos 12 meses y lo pone por escrito, podrá concentrarse de forma eficaz en sus objetivos. Además, dispondrá de una valiosa herramienta para tomar sus decisiones futuras. ¿Conseguirán estas decisiones acercarle a sus objetivos anuales? Si no es así, replantéeselas.

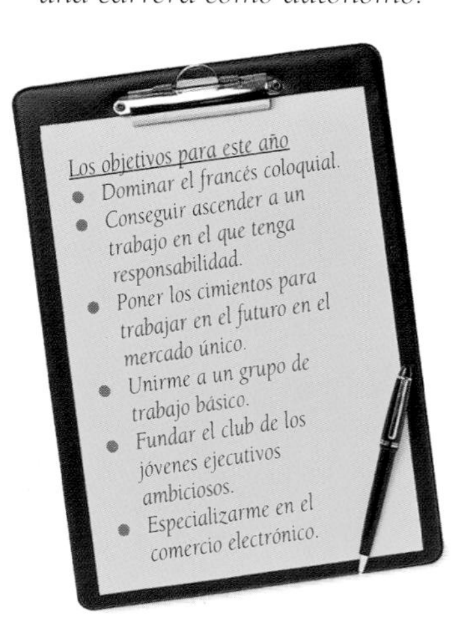

◄ **HAGA UNA LISTA DE OBJETIVOS**

Anotar cada año qué objetivos quiere conseguir en los próximos 12 meses es una excelente costumbre. De este modo, se obligará a pensar en sus metas y posibilidades reales.

CAMBIE DE TRABAJO

Las decisiones más importantes para su evolución profesional implicarán cambiar de trabajo, de empresa y, posiblemente, de país. Saltar de un trabajo a otro, lo que en el pasado era considerado negativo, hoy es un aspecto positivo. Estos cambios suelen conllevar mejores ingresos y otros beneficios. Aunque estas ventajas son importantes, no deben ser la única razón para cambiar de trabajo. El interés y el reto del nuevo trabajo es primordial. Si quiere trabajar para una nueva empresa, infórmese de su naturaleza y expectativas de futuro antes de tomar una decisión.

101 Si no alcanza uno de sus objetivos profesionales, establezca otro.

ASPIRE AL MÁXIMO

El cenit de una carrera como directivo es convertirse en director general de una gran empresa. Es obvio que sólo una minoría alcanza la cima, aunque todos los ejecutivos ambiciosos esperan formar parte de estos pocos privilegiados, por lo que se preparan adecuadamente. De todos modos, a lo largo de su carrera, dispondrá de otras oportunidades en las que demostrar sus aptitudes para asumir el control y la dirección de las operaciones necesarias para alcanzar su objetivo. Para ello, necesitará colaboradores competentes. Esfuércese para conseguir que, durante su progresión profesional, sus subordinados y colaboradores trabajen productivamente.

PREGUNTAS QUE DEBE HACERSE

- P ¿Es hora de que empiece a pensar en un cambio de aires?
- P ¿Cuál es la función que me permitirá adquirir mayor experiencia y afrontar el máximo de retos?
- P ¿Existe algún motivo que me impida llegar a la cima?
- P ¿Hay algo que pueda hacer para eliminar este obstáculo?
- P ¿Dónde quiero estar dentro de cinco, diez, quince años...?
- P ¿Cómo alcanzaré estas metas?

TRABAJE COMO AUTÓNOMO

En ocasiones, dejar una empresa para trabajar como autónomo es una decisión obligada por un despido. Cuando una empresa reduce plantilla o «desaparece», puede recurrir a colaboradores externos contratando a algunos de sus antiguos ejecutivos o a expertos como autónomos. A veces, algunos empleados dimiten para explotar por cuenta propia oportunidades del mercado, que detectaron durante su pertenencia a la empresa. Sería aconsejable que tuviera en cuenta la posibilidad de establecerse por su cuenta aunque con las aptitudes necesarias para tener éxito como autónomo. La vida que lleve será más dura y solitaria y, sobre todo, más incierta.

▲ **ESTABLÉZCASE POR SU CUENTA**
Ser su propio jefe puede resultar un reto atractivo. Con la aparición del correo electrónico y de Internet, cada vez hay más gente que se decide a trabajar en casa.

VALORE SU HABILIDAD

Intentar alcanzar la perfección constituye un reto y una oportunidad para toda la vida. Este cuestionario le ayudará a valorar sus puntos fuertes y débiles y decidir en qué facetas centrar sus esfuerzos para mejorar sus resultados. Si su respuesta a una pregunta es «nunca», marque 1; si es «siempre», 4 y así sucesivamente. Para conocer la valoración de sus habilidades, sume el total de puntuaciones y consulte el Análisis. Si responde con la mayor sinceridad posible estará en el buen camino para progresar.

OPCIONES

1 Nunca

2 A veces

3 A menudo

4 Siempre

1 Juzgo metódicamente mis habilidades y evalúo cómo las estoy aplicando.

1 2 3 4

2 Establezco planes a largo plazo para mi carrera y los reexamino a menudo.

1 2 3 4

3 Afronto las tareas habituales y las nuevas con plena confianza.

1 2 3 4

4 Examino detenidamente las oportunidades sin miedo a los riesgos que comportan.

1 2 3 4

5 Utilizo mi capacidad intelectual para definir los planes para progresar.

1 2 3 4

6 Obtengo toda la cooperación y colaboración necesaria de los demás.

1 2 3 4

7 Hago ejercicio para mantener una buena forma física y mi peso ideal.

1 2 3 4

8 Como y duermo bien e intento evitar trabajar demasiadas horas.

1 2 3 4

9 Busco la perfección e intento mejorar mis puntos débiles.

1 2 3 4

10 Lucho por superar a la competencia en todos los aspectos importantes.

1 2 3 4

11 Dedico tiempo a dominar técnicas y prácticas nuevas y útiles.

1 2 3 4

12 Recurro a técnicas mentales estructuradas para mejorar mi reflexión.

1 2 3 4

13 Recuerdo todo lo que necesito con rapidez y sin dificultades.

1 2 3 4

14 Practico para mejorar mi velocidad de lectura sin perder capacidad de comprensión.

1 2 3 4

15 Pido la opinión de los demás acerca de mi calidad como orador y redactor.

1 2 3 4

16 Disfruto realizando discursos y suelo hablar en público.

1 2 3 4

17 Adopto las nuevas ideas de los demás e intento generar algunas por cuenta propia.

1 2 3 4

18 Reviso constantemente cómo empleo mi tiempo para evitar perderlo.

1 2 3 4

19 Poseo y aplico sistemas para valorar mi rendimiento personal.

1 2 3 4

20 Dispongo de una lista de prioridades para poder organizar mi trabajo.

1 2 3 4

21 Aplico mis conocimientos contables y financieros a mis actividades.

1 2 3 4

22 Supero emociones negativas como la ansiedad, la culpabilidad o el estrés.

1 2 3 4

23 Encuentro sistemas para relajarme y los aplico de forma eficaz.

1 2 3 4

24 Concibo los éxitos como objetivos cumplidos para obtener mayores logros.

1 2 3 4

25 Me tomo mi tiempo para analizar las situaciones pero actúo con decisión.

1 2 3 4

26 Consulto asesores competentes para tomar decisiones en mi vida.

1 2 3 4

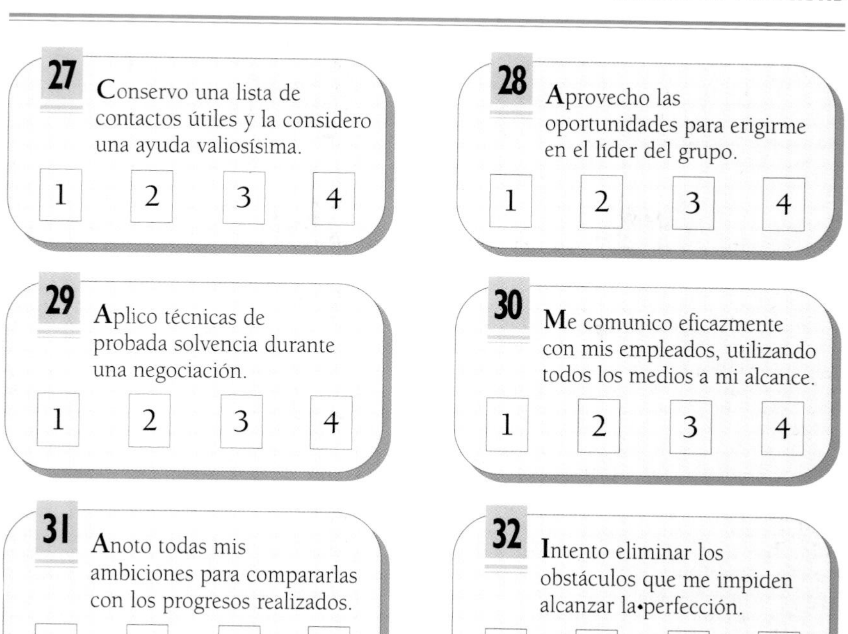

27 Conservo una lista de contactos útiles y la considero una ayuda valiosísima.

1 2 3 4

28 Aprovecho las oportunidades para erigirme en el líder del grupo.

1 2 3 4

29 Aplico técnicas de probada solvencia durante una negociación.

1 2 3 4

30 Me comunico eficazmente con mis empleados, utilizando todos los medios a mi alcance.

1 2 3 4

31 Anoto todas mis ambiciones para compararlas con los progresos realizados.

1 2 3 4

32 Intento eliminar los obstáculos que me impiden alcanzar la•perfección.

1 2 3 4

ANÁLISIS

Una vez completada la autovaloración, sume el total de puntuaciones y conozca el valor de sus habilidades consultando la evaluación correspondiente.

32-63: Está muy lejos de alcanzar la perfección. Déjese de excusas y afronte la realidad de su vida profesional. Puede hacerlo mejor. Sólo le falta fuerza de voluntad para actuar. Recupérela y los resultados mejorarán.

64-95: Ha progresado considerablemente en su objetivo de explotar al máximo sus capacidades. Llega el momento de hacer balance mediante el cuestionario para detectar las facetas en que puede mejorar más ostensiblemente sus resultados. Debería poder constatar muy pronto los beneficios.

96-128: Tiene una vida profesional muy intensa y provechosa. Sin embargo, aún la puede mejorar y usted lo sabe, pues ésa es una de las razones de su éxito. Siga así.

ÍNDICE

A

adrenalina, 36, 50
aeróbica, capacidad, 18-19
Alemania, convenciones culturales, 37, 62
alimentación, 20
ambición:
  ambiciones a largo plazo, 8-9
  aspire al máximo, 65
  autoevaluación, 7
  determinación y, 14
  establezca, 8-9
  saque el máximo partido, 25
analice los éxitos, 53
ansiedad, 49
aprender:
  de mentores, 56
  mejore sus aptitudes, 26-27
aptitudes:
  escribir, 34-35
  hablar, 35-37
  lectura, 32-33
  liderazgo, 61
  mejore sus, 26-27
  numéricas, 46
  pensar, 28-29
  y confianza, 10
asociación, técnicas de memoria, 31
asociaciones, negociaciones, 63
aspecto en las entrevistas, 11
asuma riesgos, 12, 13
  autoevaluación, 7
  confianza, 9
  saque el máximo partido, 25
autocrítica, 23, 25
  autoevaluación, 7
  busque la perfección, 22-25
autoestima, 6, 23
autoevalúese, 6-7
autonomía, 65

B

balances, 47
bancarrota, 47

C

calidad, y productividad, 42
cambie de trabajo, 64
caminar, 19, 21
ciclismo, 18, 19, 21
colaboradores externos, 65
comparaciones, valore sus progresos, 53
complementos vitamínicos, 20
comprensión, técnicas de lectura, 32
compromiso en las negociaciones, 63
confianza:
  asuma riesgos, 9
  autoevaluación, 7
  en entrevistas, 11
  falta de, 6
  gane, 10-11
  saque el máximo partido, 25
conflictos, negociaciones, 63
conocimientos, aplique sus, 27
consejo:
  mentores, 56-57
  pida, 10
contabilidad, 47
contactos, 58-59
contactos, negociaciones, 63
control de peso, 20
convenciones culturales:
  hablar en público, 37
  negociaciones, 62
cooperación, liderazgo y, 17
creatividad, 38-39
crisis, supere el estrés, 50
críticas:
  gane confianza, 10
cualidades básicas, 6-9

D

De Bono, Edward, 28
delegación:
  gestión del tiempo, 41
  liderazgo y, 16
deporte, y forma física, 18-19
depresión, 20, 38
depresiones, 20
descanso, 51
determinación, 14
dicte textos, 35
dieta, 20
dinamismo:
  autoevaluación, 7
  desarrolle su, 14, 15
  saque el máximo partido, 25
  superar el estrés, 50

E

ejercicio, 18-19
ejercicios de respiración:
  para los nervios, 36
  superar el estrés, 51
emociones, sepa convencer a los demás, 62
energía:
  autoevaluación, 7
  desarrolle su dinamismo, 14
  saque el máximo partido, 25
  superar el estrés, 50
entrevistas, autoconfianza, 11
equilibrio, forma física, 19
equipos, contactos, 59
escriba con fluidez, 34-35
especialización, 45
  como prioridad, 45
espíritu aventurero, 12
espíritu competitivo:
  autoevaluación, 7
  saque el máximo partido, 24, 25
Estados Unidos, convenciones culturales, 37, 62
estrés:
  reduzca el, 48-51
  salud mental, 20
exceso de trabajo, 21
éxitos, analice los, 53

F

flexibilidad, forma física, 19
forma física, 18-21
formación, 26
fuerza, forma física, 19

G

gestión del tiempo, 40-41
  analice cómo emplea el tiempo, 40
  delegación, 41
  organice su jornada, 40
  plazos, 45
  prioridades, 44-45

y productividad, 43
gestión financiera, 46-47
golf, 19

H

habilidades mentales, 28-29
hablar en público, 35-37
hable con mayor fluidez, 35-37
horas de trabajo, 21

I

ideas:
asuma el mando, 61
creatividad, 39
idiomas, aprenda, 27
información, sistemas de archivo, 31
inquietudes, 24
Internet, 31, 65
intuición, 29
inventiva, 38

J

Japón, convenciones culturales, 37, 62

K

kaikaku, 9
kaizen, 9

L

lado negativo, asuma riesgos, 12
lado positivo, asuma riesgos, 12, 13
lectura fluida, 32-33
libros, lectura de, 33
liderazgo, 16-17, 60-61
autoevaluación, 7
cooperación, 17
dirija a los demás, 16
forme otros líderes, 17
mentores, 57
saque el máximo partido, 25
lista de contactos, 58
listas, recordar, 30
lógica, 28, 29

M

material audiovisual, presentaciones, 37
material audiovisual, hablar en público, 37
mentores, 56-57
metas *véase* objetivos
miradas:
en entrevistas, 11
hablar en público, 37
mnemotecnia, 31
movimientos de caja, 47

N

negociación de precios, 63
negociaciones:
colectivas, 63
convenciones culturales, 62
sepa convencer a los demás, 62-63
nerviosismo:
en entrevistas, 11
hablar en público, 36
nivel de exigencia, aumente el, 23
números:
aptitudes numéricas, 46
recuerde, 30

O

objetivos:
desarrolle su dinamismo, 14-15
forma física, 18-19
planifique su futuro, 64
productividad, 43
puntos de referencia, 22
reexamine sus, 54-55
valore sus progresos, 52-53
opinión:
autoevaluación, 7
gane en confianza, 10
liderazgo y, 17
ordenadores:
ayude a su memoria, 31
lleve una lista de contactos, 58
mejore sus aptitudes, 25

P

«parálisis por análisis», 55
pensamiento lateral, 28
perfección, busque la, 22-25
perfeccionismo, 22
periódicos, 33, 39
plan de actuación, 7, 8-9
planes comerciales, 47
planes de emergencia, 49
planes para el futuro, 64-65
planifique el futuro, 64-65
plazos, 45
posponer las decisiones, 49
presentaciones, 37
prioridades, establezca, 44-45
productividad, 42-43
calcule la, 42
progresos, valore sus, 52-53
provocación, pensamiento lateral, 28
proyectos abandonados, 15
puntos de referencia, 22

R

relajación:
gestión financiera, 51
vacaciones, 21
venza los nervios, 36
retos, acepte los, 24
revistas, 33, 39

S

salud, 18, 20
salud mental, 20
sepa convencer a los demás, 62-63
sistemas de archivos, 31
situaciones de conflicto, 50
sueño, 21

T

técnicas de memoria, 30-31
aptitudes de lectura, 33
ayudas, 31
listas y números, 30
recuerde sus contactos, 58
tensión, libere la, 51
tipo de personalidad, y reacciones ante el estrés, 48-49
toma de notas, 34
trabajadores autónomos, 65
t'ai chi, 19

V

vacaciones, 21
valor, asuma riesgos, 12
valore sus progresos, 52-53
velocidad de escritura, 34
viajes, gestión del tiempo, 41
vida en familia, 21

Y

yoga, 19, 51

AGRADECIMIENTOS

AGRADECIMIENTOS DEL AUTOR

Este libro es fruto de la aguda inspiración de Stephanie Jackson y Nigel Duffield de Dorling Kindersley. No tengo palabras para expresar mi enorme gratitud hacia Jane Simmonds y todo el personal de edición y diseño que colaboró en el proyecto con profesionalidad y entusiasmo. También me siento en deuda con muchos compañeros, amigos y expertos en la gestión de empresas que me han orientado con su sabiduría e informaciones.

AGRADECIMIENTOS DEL EDITOR

Dorling Kindersley quiere dar las gracias a las siguientes personas por su apoyo y colaboración en la elaboración de este libro:

Edición: Alison Bolus, Michael Downey, Nicola Munro,Jane Simmonds, David y Sylvia Tombesi-Walton; **Índice**: Hillary Bird.

Diseño: Pauline Clarke, Jamie Hanson, Nigel Morris, Tish Mills.

Colaboración en diseño de portada: Rob Campbell.

Fotografía: Steve Gorton; **Colaboración en fotografía**: Nici Harper, Andy Komorowski

Modelos: Phil Argent, Carol Evans, John Gillard, Richard Hill, Cornell John, Janey Madlani, Karen Murray, Mutsumi Niwa, Suki Tan, Peter Taylor, Wendy Yun.

Maquillaje: Debbie Finlow, Janice Tee.

Proveedores: Austin Reed, Bally, Church & Co., Clark Davis & Co. Ltd, Compaq, David Clulow Opticians, Elonex, Escada, Filofax, Gateway 2000, Geiger Brickel, Jones Bootmakers, Moss Bros, Mucci Bags, Staverton. Gracias a Tony Ash de Geiger Brickel (mobiliario de oficina) y Carron Williams de Bally (calzado).

Estudio de fotografía: Andy Sansom; **Colaboración en documentación de fotografía**: Sue Hadley, Rachel Hilford, Denise O'Brien, Melanie Simmonds.

CRÉDITOS DE FOTOGRAFÍA

Clave: *a* arriba; *ab* abajo; *c* centro; *i* izquierda; *d* derecha; *ms* margen superior.
Allsport: John Cameron/ALP/AllsportUSA 14;**Powerstock/Zefa**: 18, 21, John Lawrence 37; **Telegraph Colour Library**: B&M Productions 24; **Tony Stone Images**: Bruce Ayres 41, John Blaustein 65, Donovan Reese 4, pestaña portada *msi*; **Elizabeth Whiting Associates**: 12

BIOGRAFÍA DEL AUTOR

ROBERT HELLER es una de las mayores autoridades mundiales en asesoría de dirección. Fue el fundador y editor de *Management Today*. Es un conferenciante cotizado en Europa, América y Extremo Oriente. Como director editorial del grupo Haymarket Publishing, coordinó el lanzamiento de varias publicaciones exitosas, incluyendo *Campaign, Computing* y *Accounting Age*. Entre sus numerosos y aclamados *best-sellers* se encuentran *El ejecutivo al desnudo, Choque cultural, La edad del millonario habitual, Cómo ganar* (con Will Carling), *La guía completa para la gestión moderna* y *En busca de la perfección europea*. Asimismo, Robert Heller ha escrito con anterioridad diversos libros para la colección *Biblioteca esencial del ejecutivo*, de Dorling Kindersley.